동화
넘어
인문학

미운 오리 새끼도
행복한 어른을 꿈꾼다

동화
넘어
인문학

조정현 지음

을유문화사

동화
넘어
인문학

발행일
2017년 4월 10일 초판 1쇄
2020년 1월 30일 초판 6쇄

지은이 | 조정현
펴낸이 | 정무영
펴낸곳 | (주)을유문화사

창립일 | 1945년 12월 1일
주소 | 서울시 마포구 월드컵로16길 52-7
전화 | 02-733-8153
팩스 | 02-732-9154
홈페이지 | www.eulyoo.co.kr
ISBN 978-89-324-7353-6   03100

동화, 어른의 성냥갑을 열어 주다

　세상에는 두 부류의 아이들이 있습니다. 한 부류는 주인공 자리를 꿰찬 채 한껏 재잘거리는 아이. 이들은 자신의 환경에 완벽하게 적응하여 오랜 세월이 흘러도 자신을 둘러싼 빛나는 모든 것을 선명하게 기억하죠. 또 다른 부류는 잘 보이지 않는 구석에 숨은 채 무언가에 사로잡힌 아이. 이들은 그 무언가에 너무 강렬하게 사로잡혀 있어서 그것 외에는 아무 것도 보이지 않고, 기억할 것이 단 하나밖에 없죠. 저는 후자에 속했습니다. 동화책이 있는 캄캄한 골방이 세상에서 가장 좋았던, 바로 이야기에 매혹된 아이였습니다.

　제 어린 시절 기억은 싸구려 책장에 빼곡하게 꽂혀 있습니다. 어린이 전문 출판사인 국민서관에서 만든 60권짜리 '소년소녀 세계문학전집.' 한 질을 사면 합판으로 만든 책장을 주었는데, 위 칸에 노란 표지 30권, 아래 칸에 초록 표지 30권을 꽂으면 딱 맞았습니다. 표지는 딱딱한 양장본에 유광 코팅되어 있어서 빛이라도 받으면 예쁜 그림이 반짝반짝 빛났습니다. 볼 때마다 가슴이 벅차오르는 제 생애 첫 보물이었죠.

"그걸 사 주는 것이 아니었는데…… 마음이 약해져서 그만……."

글쓰기라는 험한 길에 들어선 저를 안타까워했던 어머니는 늘 그 동화책을 탓했습니다. 어머니는 제가 기억하지 못하는 이야기를 하셨지요.

"여름이었나, 날이 더워서 그런지 가게 앞에 개미 한 마리 지나가지 않았어. 손님 한 명 없는 날이었지."

저는 어릴 적, 시장 초입에 가게가 딸린 1층 집에서 살았습니다. 워낙 시골이라서 시장이라 해도 활기차고 떠들썩한 풍경과는 거리가 있었죠. 어머니는 시장에서 포목점을 하였습니다. 한복과 이불을 팔았는데, 아무 것도 못 팔고 문을 닫는 날도 많았습니다.

외판원 두 분이 가게를 찾아온 날도 아마 그런 날 중 하루였겠지요. 까만 가방에서 나온 총천연색 홍보물이 또렷이 기억납니다. 외판원은 물을 얻어 마시려고 왔다고 했습니다. 하지만 유리문 너머 어린아이와 젊은 엄마를 못 보지는 않았겠죠. 젊은 엄마의 교육열을 건드려 책을 팔아 보자는 생각을 했을 수도 있습니다. 어머니도 책 한 권 없는 집이 마음에 걸렸지만, 책을 살 생각은 없으셨다고 합니다. 사 주고 싶지 않아서가 아니라, 그날 저녁 거리인 콩나물 한 줌 살 돈도 없었기 때문이지요.

"그 사람들이 문을 닫고 나가는데, 네가 기어 들어가는 목소리로 '사 주면 안 돼요' 하더라. 속으로 좀 놀랐어. 생전 뭘 사 달라고 해 본 아이였어야 말이지. 속이 상하더라고. 그래서 저만치 가고 있는 사람들을 불러 세웠지."

돈이 없었는데, 어머니는 어떻게 동화 전집 한 질을 들여놓을 수 있었을까요? 어머니의 대답에 저는 웃음을 터뜨리고 말았습니다. 어머니가 책값으로 지불한 것은 이불 두 채.

"그걸 받아갔단 말이에요?"

"그러게. 아이가 꼭 갖고 싶어 한다니까 이불을 받아 주더라고."

책보다 가볍지만, 부피는 몇 배나 되는 이불을 들고 가는 외판원 아저씨들의 뒷모습이 왠지 보이는 것만 같았습니다. 그분들이 이불 두 채를 어떻게 돈으로 바꾸셨을까 뒤늦은 걱정도 했지만, 그보다는 나의 소중한 보물을 돈이 아닌 이불로 교환했다는 사실이 더없이 특별하게 느껴졌습니다. 어린 시절은 물론 어른이 되어서까지 나에게 수많은 지혜와 행복을 선사해 준 책. 그 책과 교환된 이불 속에서 누군가 한 시절 따뜻했으리라 생각하니 마음이 다 환해집니다.

그 후로 몇 년 동안 집에 있는 책의 권수는 일정했습니다. 나의 보물 60권과 교과서. 저는 그 책들을 읽고 또 읽었습니다. 다른 기억을 다 지울 만큼, 강렬한 독서 경험이었습니다. 하지만 다른 아이들과 마찬가지로, 저 역시 중학생이 되면서 독서와 멀어졌습니다. 요즘 어린 친구만큼은 아니지만, 시험 성적이 우선이라는 생각에 폭넓게 독서할 기회를 잃었던 것이죠.

어른이 되어서는 그 책들을 거의 잊고 살았습니다. 다른 사람처럼 동화란 그저 어린 시절의 이야깃거리라고 생각했지요. 모름지기 대학생이라면 지식과 교양을 넓힐 책을 읽어야 한다고 믿었기에 동화 같은 것은 입에 올린 적도 없었습니다. 사회로 나간 후에는 더더욱 그랬고요.

제가 다시 그 동화책의 행방을 찾은 것은 시간이 너무 많이 흘러 60권 중 반 이상이 사라져 버린 어느 날이었습니다. 어렵사리 한 곳에 모은 책들은 책이라기보다 골동품에 가까웠죠. 모아 놓은 책을 새 책꽂이 맨 위 칸에 꽂아 놓고 가만히 올려다보는데, 책등이 너덜너덜해진 책들이 말을 걸어 주었습니다.

"왔니?"

왠지 눈시울이 뜨거워져, 며칠 전부터 계속 생각난 동화를 꺼내 읽었습니다.

몹시 추운 겨울날이었습니다. 눈이 펑펑 내리고 있었습니다. 눈은 아침부터 내려 쌓였습니다. 이제는 해가 져서 사방이 어두워졌습니다.

「성냥팔이 소녀」는 이렇게 시작합니다. 『안데르센 동화』에 있던 성냥팔이 소녀, 왜 하필 「성냥팔이 소녀」였는지 처음에는 알 수 없었습니다. 주르륵 눈물을 흘리기에는 너무 짧은 동화잖아요. 작은 손으로 책장을 넘겼던 시절에는 성냥팔이 소녀의 모습에서 지금의 저를 떠올릴 것이라 상상할 수 없었습니다.

시작은 지하철에서 스마트폰으로 "인문학 열풍"이라는 뉴스를 읽고 있을 때였습니다. 갑자기 성냥팔이 소녀가 제게 말을 걸었습니다.

"인문학이 유행이라는데, 너는 인문학 책 좀 읽었니?"

순간 멈칫거렸습니다. 제게 인문학은 "범접할 수 없이 어렵다"는 말의 명사형이나 다름없었습니다. 제가 처음 접한 인문학이란, 먼 나라에서 학위를 따 온 교수님들이 "이 정도쯤은 읽어야 대학생이지"라고 말하며 줄줄 읊어 주던 목록이었지요. 교수님들과 비슷한 이력을 가진 분들이 펴낸 그 책들은 정말 이해하기가 힘들었습니다. 지금 생각해 보면 일본식, 영어식으로 번역한 문장 때문에 더 어려웠던 것 같습니다. 하지만 번역한 문장을 탓하기엔 저는 벌써 기가 죽어 있었죠. 그렇게 인문학은 저의 삶에서 점점 멀어져 갔습니다.

다행히 요즘은 우리말로 쉽게 풀어 낸 인문학 책들이 많이 나오고 있습니다. 그러나 어렵다는 선입견은 쉽게 사라지지 않았죠. 시대는 바야흐로 스마트폰의 시대고, 책은 곧 사라진다는 풍문이

돌고 있었고요. 그래서 '인문학 열풍'이라는 말이 뜬금없이 느껴지기만 했습니다.

> 인문과학: 정치, 경제, 사회, 역사, 학예 등 널리 인류 문화에 관한 정신과학의 총칭

'인문학'이란 단어를 사전에서 찾아보면, 인간과 인류에 대한 관심에서 출발한 학문인 것 같습니다. 그렇다면 '인문학 열풍'이라는 말은 인간과 인류에 대한 관심이 그 어느 때보다 뜨겁다는 말이어야 했습니다. 그렇지만 저는 그 열기를 느낄 수 없었습니다. 열기는커녕 성냥팔이 소녀처럼 세상살이가 점점 추워지기만 했습니다.

아니나 다를까, 인문학 열풍은 이내 인문학 경영, 인문학 인간관리, 인문학 처세술 등등 '잘 먹고 잘사는 법'의 범주 안으로 휩쓸려 가고 말았습니다. 그 광경은 마치 끔찍한 톱니바퀴를 드러낸 자본주의의 시궁창 막다른 하수구에서 살고 싶어 가쁜 숨을 내뱉는 자들의 거품처럼 느껴졌습니다. 인문학 열풍은 또 하나의 '살아남기 열풍'이 된 것 같았지요. 파리지옥의 아가리를 벌릴 무기가 인문학 밖에 없다는 것을 깨달은 사람들의 아우성이라고 해야 할까요? 독일의 문예평론가인 발터 베냐민이 말한 "비상사태"에 직면한 사람이 선택한 무기가 바로 인문학이었을 뿐이었습니다.

그러니 인문학이 어찌 여유로울 수 있겠습니까? 이렇게 급박한 상황에서 꺼내 든 인문학이라는 무기를 다룰 사람이 몇이나 될지도 걱정이었습니다.

사실 다가서기 어렵다고 하소연해도 좀체 쉬워질 수 없는 학문이 바로 인문학이라고 저는 생각합니다. 그렇다면 비상사태를 대비한 무기가 없으니 모든 것을 포기해야 할까요? 그렇게 하기에는 너무 이르다는 생각을 했습니다. 인문학은 다가가기 힘들지만, 인문학이 논하는 것들은 우리가 이미 다뤘던 것이라는 생각이 들었습니다. 문득 지금 우리도 성냥팔이 소녀처럼 우리가 갖고 있는 것이 무엇인지 잠시 잊어버린 게 아닐까 하는 생각이 들었습니다.

사람이 모여 만든 사회, 그 세상에서 허덕이며 살다가 문득, '사는 게 뭔가', '이게 사는 건가'라는 생각이 들 때가 있습니다. 누구나 있죠. 가슴에서 찝찔한 눈물이 스미어 나올 것만 같은 그런 순간이요. 인문학에 속하는 많은 책들은 바로 그런 순간을 위해 정리된 지혜입니다. 하지만 오래 전에 손에서 책을 놓았거나 하루하루 먹고사는 것이 힘든 사람들에게는 그림의 떡이나 다름없죠. 하지만 성냥팔이 소녀는 말합니다. 힘들면, 당장 새로 무언가를 읽으려고 하지 않아도 괜찮다고 말이죠.

"아, 그렇구나! 내게 성냥이 있지. 그걸 모르고 떨고만 있었다니……."

「성냥팔이 소녀」의 소녀는 성냥불을 켜고 칠면조와 크리스마스 트리와 돌아가신 할머니의 환영을 봅니다. 그런데 소녀가 언제 성냥불을 켤 생각을 했는지 아시나요? 바로 죽기 직전입니다. 저는 '좀 더 빨리 성냥을 켰으면 좋았을 텐데' 하고 생각했습니다. 하지만 가난이 숙명이었던 소녀가 성냥 쓸 생각을 하기란 쉽지 않았을 것입니다.

이제는 보기도 힘든 성냥이지만, 「성냥팔이 소녀」가 발표된 1845년에는 최첨단 상품이었습니다. 성냥은 1827년 영국에서 발명됐거든요. 1830년 이후에 상용화된 성냥은 이 작품이 탄생한 이후에도 개량을 거듭했습니다. 그러니 덴마크에서 살았을 가난한 소녀에게 성냥은 귀한 물건이었을 것입니다. 하긴, 헐벗은 이 소녀에게 귀하지 않은 물건이 어디 있었을까요? 헐벗지 않은 오늘날도 마찬가지죠. 상인에게 귀하지 않은 상품이 있을까요? 좋은 식당에서 귀한 재료로 음식을 만드는 요리사가 그 음식을 먹는다고 생각하면 오산이죠. 명품 가방을 만드는 장인이나 판매하는 직원이 그것을 살 수 없는 것이 바로 이 세상입니다.

시장에서 우리는 왕왕 자신이 파는 물건보다 값싼 취급을 받습니다. 우리는 그것을 당연하게 받아들이죠. 딱히 '소외'라는 단어를 갖다 붙이지 않으려 합니다. 그 비싼 물건을 팔아 일용할 양식을 얻고, 난방비를 댈 수 있으며 교육비를 감당할 수 있기만 하다면요. 사실 우리는 그럴 수 있다는 자본주의의 약속을 믿었고, 그렇게 길들여졌습니다. 운 좋은 사람들은 죽을 때까지 그 약속을 의심하지 않을 수 있겠죠.

운이 좋았다면 소녀도 그랬을 것입니다. 만일 소녀의 어머니가 돌아가지 않았다면, 만일 소녀의 아버지가 술에 취해 폭행을 일삼지 않았다면, 만일 소녀가 제 발에 맞는 슬리퍼를 갖고 있었다면, 만일 누군가 소녀의 성냥을 사 주었다면, 만일 누군가 문을 열고 소녀를 자기 집으로 불러 몸을 녹이라고 했다면, 만일 소녀의 나라가 거리에서 구걸하는 아이들을 위한 정책을 내놓았다면…….

부질없는 가정이죠. 역사에만 '만일'이 불필요한 것은 아닙니다. 이미 완성된 작품에도 '만일'은 필요 없습니다. 작가의 것이라거나 작가가 죽어서가 아니라, 완성된 작품은 어떤 식으로든 그 사회의 단면을 담고 있기 때문입니다.

소녀는 죽을 지경이 되어서야 감히 꺼내 쓸 생각도 하지 못했던 그것, 바로 성냥을 떠올립니다. 아침부터 흰 눈이 쌓인 거리를 맨발로 다닌 터라 이제 발은 감각이 없어졌고, 돌아갈 집은 거리보다 나을 것이 없으며, 배가 너무 고파서 정신마저 흐려진 그 순간이 되어서야, 소녀는 알아차립니다. 몸을 따뜻하게 해 줄 불씨가 다름 아닌 자신에게 있었다는 사실을.

'인문학이 필요한 순간'과 '성냥이 필요한 순간'이 참 닮지 않았나요? 죽을 것처럼 외롭고, 지루하도록 가난한 삶. 착한 아이로 자라 모범 시민이 된 순진무구한 우리지만, 성냥팔이 소녀보다는 빨리, 성냥의 존재를 알아차렸으면 좋겠습니다.

많은 이들이 「성냥팔이 소녀」를 읽었거나, 그 이야기를 알고 있으리라 생각합니다. 동화라는 것이 그렇죠. 어린 시절에 읽었거나, 읽지 않았다 해도 그 내용 정도는 알고 있습니다. 그리고 모든 동화에는 인문학적 메시지가 들어 있습니다. 그러니 우리가 인문학을 모르는 것은 아니지요. 어려운 말, 도도한 논리까지는 아니더라도 인문학적 소양은 누구에게나 있는 것입니다. 그러니 더 늦기 전에 우리 안의 인문학을, 아주 오래된 인문학을 떠올려야 할 때라고 생각합니다.

> 소녀는 재빨리 성냥을 다발째 그었습니다. 성냥이 빨갛게 타올라, 주위는 대낮보다 더 밝아졌습니다. 할머니는 어린 소녀를 살며시 안았습니다. 소녀는 할머니의 품에 안겨 하늘로 높이높이 올라갔습니다.

소녀는 너무 늦게 성냥을 생각해 낸 탓에 장작이나 하다못해 종이 쪼가리를 얻을 시간조차 마련할 수 없었습니다. 소녀가 조금만 일찍 성냥을 생각했다면 허기진 채로나마 목숨을 건질 수 있었을 것입니다. 따뜻한 모닥불을 피웠다면 그 곁에 모인 사람들에게 먹거리를 얻었을지도 모릅니다. 혹은 많은 이들과 함께 횃불을 만들어, 가난한 아이를 살려 내라고 왕궁으로 갔을지도 모를 일입니다.

인문학 서가에 꽂힌 대다수의 책들은 오랫동안 위압감을 주었습니다. 한 문장을 열 번 넘게 읽어도 도대체 무슨 말인지 이해할 수 없었습니다. 맥 빠진 오후에 나른한 목소리로 강의하는 어느 노老 교수처럼 질문을 허락하지 않는 책도 많았습니다. 하지만 스펀지에 흡수되는 물처럼 읽는 순간 이해되는 책들도 있었습니다. 삶이 헝클어진 이유를 점쟁이처럼 짚어 내는 신통방통한 책도 많았습니다. 그리고 무엇보다 누구나 즐겨 읽는 동화와 소설, 인간을 성찰한 만화와 영화가 모두 인문학으로 분류되어 있었습니다.

　이제부터 성냥갑에 있던 성냥들에 대해 말하고 싶습니다. 불타오르다 손에 잡으려는 순간 사라진 소녀의 환영처럼, 잠시 숨을 고르게 하고 흔적도 없이 사라진 용기의 불꽃들에 대해서. 그 중에는 저를 따뜻하게 데워 준 성냥도, 모닥불이 된 성냥도 있었습니다. 단지 어렵지 않다고 해서, 그것을 인문학이라 부르지 않겠다면 반론하지 않겠습니다. 하지만 삶의 벼랑에 내몰렸을 때, 누구나 자기 안에 인문학이라는 성냥이 있음을 알려 주고 싶습니다. 실상 모든 아이들이 이야기로부터 인문학을 시작했음을, 그 온기를 품은 물건이 누구에게나 있음을 함께 확인해 보고 싶습니다.

2017년 4월
조정현

일러두기

1. 각주는 작가에 대한 설명으로, 편집자가 국립국어원을 참조하여 달았습니다.
2. 단행본은 『 』으로, 단행본에 들어 있는 단편은 「 」으로 구분하였습니다.

제2부
동화로 내가 모르는 세상을 풀다

제1부

동화로
나의 숨은
마음을
읽다

I.
우물쭈물해도 괜찮아

이솝의 『당나귀와 아버지와 아들』 - 한병철의 『피로사회』

"저 버릇없는 놈 좀 보게. 늙은 아비가 터덜터덜 걸어가고 있는데 혼자만 당나귀를 타고 가다니!"
"저 얌통머리 없는 늙은이 좀 보거나. 어린 아들은 걸리고 뻔뻔스럽게 혼자만 타고 가네, 그려." - 동화 『당나귀와 아버지와 아들』

무언가를 할 수 있는 힘만 있고 하지 않을 힘은 없다면 우리는 치명적인 활동과잉 상태에 빠지고 말 것이다. 무언가를 생각할 힘밖에 없다면 사유는 일련의 무한한 대상들 속으로 흩어질 것이다. — 인문학 『피로사회』

이솝의 『당나귀와 아버지와 아들』

아버지와 아들이 당나귀를 팔기 위해 집을 나섭니다. 하지만 아버지와 아들은 끝내 당나귀를 팔지 못합니다. 당나귀는 시냇물에 빠져 떠내려가 버리고, 부자父子는 빈손으로 집에 돌아옵니다. 한번쯤 들어본 이야기지요? 고대 그리스의 노예, 이솝®이 남긴 우화입니다. 이솝의 이야기를 읽으면 늘 교훈을 얻게 되죠. 『당나귀와 아버지와 아들』의 교훈을 한 문장으로 표현한다면 무엇이 좋을까요? '네 멋대로 해라' 혹은 '다른 사람의 눈을 너무 의식하면 아무 일도 못한다' 정도가 될까요?

우화란 연극으로 치면 소극笑劇에 속한다고 볼 수 있습니다. 우

● 이솝(Aesop, B.C.620?~B.C.560?)은 그리스 사모스 왕의 노예였는데, 우화를 재미있게 이야기하여 해방되었다고 한다.

화의 주인공은 주로 동물이나 식물 또는 무생물인데, 간혹 사람인 경우도 있습니다. 사람이 주인공일 때 그는 개성이 전혀 드러나지 않거나 매우 어리석어서 웃음이 절로 나옵니다.

우화는 독자에게 웃음을 주다가 교훈 하나를 툭 던져 주는 이야기죠. 저는 웃음만큼 위대한 것도 없다고 생각합니다. 위대한 것 가운데 쉽게 만들 수 있는 것이 있을까요? 게다가 가르침까지 주어야 하니, 우화 창작은 세상에서 가장 어려운 글쓰기 가운데 하나일 것입니다.

웃음에도 여러 가지가 있습니다. 히말라야의 하늘처럼 맑고 투명한 웃음이 있는가 하면, 생선 냄새처럼 비릿한 웃음도 있습니다. 눈물이 나올 만큼 슬픈 데도 머금게 되는 미소도 있죠. 여러 종류의 웃음 중에서 우화가 주는 것은 비웃음에 가깝습니다. 사람들은 어처구니없는 등장인물을 보며 웃어 버리죠. 비웃음이지만, 그 대상이 동식물 혹은 누군지 모를 인물이기에 독자는 양심의 가책을 느끼지 않습니다. 이것이 이솝의 우화들이 오랜 세월 살아남은 이유 중 하나일 것입니다.

여기에서 소개할 우화도 내용은 단순합니다. 당나귀를 팔러 시장에 가던 아버지와 아들이 지나가는 사람들의 말에 이러지도 저러지도 못하다가 결국 당나귀를 잃어버립니다. 어릴 적에는 사람들 말 한마디에 어쩔 줄 몰라 하는 아버지와 아들의 이야기가 재미있었습니다. 그러나 사춘기 즈음, 주변 사람들의 말에 흔들릴 때는 우화가 유용했습니다.

'세상 모든 사람을 다 만족시킬 수는 없어. 나만의 길을 가는 거야!'

하지만 시고 쓴 삶을 살다보니 아버지와 아들이 한없이 불쌍해지는 날이 오기도 했습니다. 어떤 것을 선택해야 좋을지 몰라 전전긍긍할 때는 부자의 축 처진 어깨 뒤에 '오죽했으면!'이라는 생각이 들었고, 또 세상살이가 고단한 날에는 '그럼에도 불구하고 팔러가야 하다니!' 하는 생각에 마음이 슬펐습니다.

"저 버릇없는 놈 좀 보세. 늙은 아비가 터덜터덜 걸어가고 있는데 혼자만 당나귀를 타고 가다니!"

"저 얌통머리 없는 늙은이 좀 보게나. 어린 아들은 걸리고 뻔뻔스럽게 혼자만 타고 가네, 그려."

"아니, 저 사람들! 여보게들 저기 힘없는 짐승을 가여워하지 않는 인간들이 있네. 말 못하는 짐승이라고 저렇게 학대를 하다니!"

시장 가는 길에 아버지와 아들이 들어야 했던 말들입니다. 친족 중심의 소규모 사회에 살았던 사람들에게 시장은 낯선 이를 가장 많이 만날 수 있는 곳이었습니다. 당나귀를 팔러 갔던 아버지와 아들이 만난 사람들도 아마 모르는 사람들이었을 것입니다. 그런데 낯모르는 사람들이 부자의 행동에 대해 이러쿵저러쿵 한마디씩 던진 것입니다.

"아무 말이나 함부로 해서는 안 된다."

어릴 때 저희 할아버지는 이렇게 말씀하셨습니다. 옛 어른들이 사람들 입에 오르내리는 것을 극도로 경계한 이유는 아마 보통 사람들의 속성을 알았기 때문일 것입니다. 무책임한 '평가자' 같은 사람들 말이지요. 무시하면 된다고 하면서도 실제로는 많은 이들이 사람들의 말에 휘둘립니다. 한 사람의 말에 누군가의 말이 더해지면서 점차 여러 사람의 목소리, 바로 '여론'이 되기 때문이죠. '대다수'라는 무언의 압력에 변변한 반론도 하지 못하고 자신의 행동을 바꾸게 되는 것입니다. 어릴 적에는 부자의 어리석음을 비웃었지만, 다수의 목소리가 얼마나 무서운지를 아는 데는 그리 오랜 시간이 걸리지 않았습니다. 초등학교에만 들어가도 아이들은 나쁜 말이 나오지 않도록 조심합니다. 아마도 그것은 인간이 모여 살기 시작한 이래 풀리지 않은 숙제인 듯합니다. 중국 최고_{最古}의 시집인 『시경』에도 인언가외_{人言可畏}, 사람의 말이 두렵다는 이야기가 나옵니다.

> "제발, 둘째 도련님, 우리 뜰 넘어와 제 박달나무 꺾지 마셔요. 박달나무야 아깝겠어요? 전 남의 말이 두렵답니다. 도련님이야 그리웁지만, 남의 말도 두려운 걸요.

將仲子兮, 無踰我園, 無折我樹檀. 豈敢愛之, 畏人之多言. 仲可
懷也, 人之多言, 亦可畏也."

『시경』은 중국 춘추시대까지의 유행가를 공자가 편집한 책입니
다. 『사기』에 의하면 공자 만년의 작업이라 하니 기원전 4세기쯤
되겠네요. 기원전 4세기, 그 오래된 사회에서도 유언비어는 사랑
하는 마음을 억누를 정도로 두려운 것이었습니다. 요즘처럼 인터
넷이 발달된 사회에서는 실제로 사람의 입이 사람을 죽이기도 하
죠. 우리 모두 그 살인 사건의 목격자이기도 하고요. 의미 없이 던
지는 말 한마디, 댓글 한 줄에 상처받아 죽음을 택할 수도 있다는
것을 우리는 잘 압니다. 그렇기에 어른이 된 후에는 당나귀를 파
는 아버지와 아들을 쉽게 비웃을 수 없었지요.

하지만 우리는 이솝의 교훈을 새기며 자랐습니다. 해야 하는 일
을 단호하게 해 나가지 못하는 우유부단한 자신의 모습을 볼 때마
다 괴로운 것은, 어쩌면 당나귀를 두고 어쩔 줄 모르는 아버지와
아들을 손가락질했던 어린 시절의 배움 때문은 아닌가 생각해 봅
니다.

우리는 성공을 지향하는 사회에서 살고 있죠. 학교 교육도, 사
회의 미디어도 성공을 지상 최고의 가치라고 부추기고 있습니다.
그리고 성공의 이미지는 수상쩍게 선명합니다. 돈을 많이 벌어 좋
은 집, 좋은 차, 좋은 옷을 입고 사람들에게 알려지면 세상은 그것

을 성공이라고 부릅니다. 대다수 사람들은 별 문제의식 없이 그 이미지를 내면화합니다. 하지만 수많은 개성과 취향을 아우를 수 있는 성공의 이미지라는 게 진짜 있다면, 그것은 세계 최고의 발명품이 아닐까요? 잠을 자도 편안한 자세가 각각 따로 있는 사람들이 어떻게 한결같이 똑같은 상태를 성공이라 할 수 있을까요? 무언가 부자연스럽습니다.

당나귀를 팔아야 하는 아버지와 아들을 손가락질하게 만든 것도 이런 조작의 일환이 아니었을까 합니다. 사람은 누구나 다수의 말을 두려워하고 또 그 말에 휘둘리기도 합니다. 때론 실수를 하고 그러면서 새로운 방법을 찾아내기도 하죠. 그런데 우리는 처음부터 실수하는 모습을 보이지 않으려고 합니다. 실수에 대한 두려움과 그로 인한 비웃음을 받고 싶지 않아서겠죠. "우유부단하면 안 된다"거나 "주변 사람들의 말에 휘둘리면 안 된다" 또는 "사람들에게 비웃음을 당하면 안 된다"는 생각이 머릿속 깊이 각인되어 있는 것입니다.

두렵지만 무언가를 시도하고, 여러 번 실패를 겪지만 그 속에서 다시 일어나 성취하기까지 많은 시간이 필요합니다. 하지만 성공을 권하는 우리 사회는 실패의 시간을 허락해 주지 않죠. '효율성'이라는 이유로 말입니다. 자본주의 사회에서 실패하고 고민하는 시간은 비효율적일 뿐입니다. 당나귀를 팔려고 나갔으면, 빠른 시간 안에 시장에 도착해서 좋은 값을 받고 팔아야 합니다. 사람들의 말에 휘둘리지 않고 최대한 빨리 돌아온다면, 그만큼 시간을 버는 것입니다. 그러면 그 시간만큼 밭에라도 나갈 수 있을 테니까요. 다른 사람의 말에 휘둘리고 무언가 시도하는 것 자체가 성공의 이데올로기 안에서는 용납될 수 없는 것입니다.

하지만 사람이 늘 효율적으로 살 수는 없습니다. 게다가 남들이 말하는 성공을 거둔 이들이 성공을 만끽했다는 이야기도 거의 듣지 못했습니다. 고기도 먹어 본 사람이 맛을 안다는 말처럼 무언가를 누리는 것도 겪어 봐야 할 수 있는 일이죠. 그러니까 우리에게 강요된 성공의 이미지만 좇다 보면 성공은 할지 몰라도 그것을 누릴 수는 없는 것입니다. 돈은 많지만 돈 쓰는 법을 모르고, 집은 좋지만 과시와 투자 외에는 집의 효용을 알지 못합니다. 자신이 이룬 성공으로부터 소외되는 것이죠.

이솝은 우리에게 남의 말에 휘둘리지 말라고 전합니다. 여전히 유효한 교훈이라고 생각합니다. 다른 사람의 말을 적당히 무시할 줄도 알아야 우리 자아가 온전할 테니까요. 하지만 역사를 보면 남의 말을 듣지 않고 성공(?)한 사람만큼 무서운 사람도 없습니다. 고대로부터 폭군, 독재자, 살인자는 모두 단호하고 신속하게 목적을 향해 달려갔습니다. 자신을 너무 과신한 나머지 다른 사람의 말에는 귀를 닫았습니다. 그들이 당나귀를 파는 아버지와 아들처럼 자신의 행동을 의심하고 다른 방법을 고안했다면, 역사 속의 비극적인 사건도 많이 줄었을 것이라 생각합니다.

"I knew if I stayed around long enough, something like this happened."

영국의 극작가 조지 버나드 쇼 George Bernard Shaw 의 무덤에 새겨져 있는 묘비명입니다. 직역하면 "이곳에 있을 만큼 있다 보면 이런 일이 생길 줄 알았다" 정도가 되지 않을까요? 여기서 '이곳'이란 무덤 근처이니 묘지일 수도 있지만, 버나드 쇼가 100년 가까이 산 세상일 수도 있습니다. 세상에서 오래 어슬렁거리다가 결국 죽는 것이 사람의 운명이니, 이 말은 우스울 것 없는 당연한 말입니다. 하지만 그것이 무덤 위에 새겨지다 보니 버나드 쇼다운 유머가 된 것입니다. 노벨 문학상까지 받은 극작가의 묘비명에 들어간 동사 는 'know(알다)', 'stay(머물다)', 'happen(일어나다)'뿐입니다. 삶에 '머물다'가 죽는다는 것을 '깨닫자'마자 죽을 일이 '일어나는' 것, 그것이 삶이라는 작가의 메시지. 한껏 폼을 잡으면 비극이겠지만, 힘을 빼면 얼마나 배꼽 잡을 사건인가요? 그런 것이 삶이라는 것을 작가는 자신의 죽음을 걸고(?) 알린 셈이죠. 그런데 우리나라에 서는 직역이 아닌 다른 해석이 유명합니다. 누가 해석했는지 모르 나 우리말로 바꾼 문장이 기가 막힙니다.

"우물쭈물하다가 내 이럴 줄 알았지."

저는 '우물쭈물'이라는 해석이 마음에 듭니다. 버나드 쇼가 자 신의 문화권에서 만들어 낸 문장을 우리말로 잘 새긴 것이라고 생각합니다. 우물쭈물……. 사는 동안 수많은 희극과 비극을 겪는 것이 인생입니다. 그리고 죽음 앞에서 버나드 쇼와 같이 삶의 의미를 깨닫게 되겠죠. 그러니 삶의 의미를 깨닫는 것이 성공이라고 한다면, 모든 삶은 성공이 될 수 있습니다. 적어도 우리는 삶의 의미에 대해 하나 정도는 얻은 채 무덤에 들어갈 테니까요.

성공의 의미를 재확인하게 되었을 때 저는 주변의 온갖 말을 듣느라 방황하고, 우스꽝스러운 행동을 하고, 결국 실패한 그 아버지와 아들을 다시 생각합니다. 남의 말을 듣지 않고 오만하게 자신의 길이 전부라고 외치는 사람들 속에서 아버지와 아들을 옹호하고 싶어졌습니다. 우리는, 남들에게 우스꽝스러워 보일지 모르는 실수와 행동을 통해 삶에 대해 배워 가는 인간이기 때문입니다.

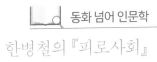

동화 넘어 인문학

한병철의 『피로사회』

『피로사회』는 독일에서 활동하고 있는 한국의 철학자 한병철이 독일어로 출간한 책입니다. 한국어판 서문에는 "한국인이라면 누구나 자기를 착취한다는 것이 무슨 말인지 즉각 이해할 것이라고 생각한다"는 문장이 있는데, 책 제목만으로도 한국 독자의 공감을 충분히 살 것 같습니다. 한국인이라면 누구나 당나귀를 팔러 가는 부자처럼 이러지도 저러지도 못하고 모든 것을 포기하고 싶어지는 순간이 오니까요. 이러면 안 되는데 하면서도 점점 부자의 무기력을 닮아갈 때, 이 책이 좋은 진단서가 될 수 있습니다.

> 규율 사회의 부정성은 광인과 범죄자를 낳는다. 반면 성과 사회는 우울증 환자와 낙오자를 만들어 낸다.
> 규율 사회에서 성과 사회로의 패러다임 전환은 하나의 층위에서만큼은 연속성을 유지한다. (…) 생산성의 향상을 위해서 규율의 패러다임은 '성과의 패러다임' 내지 '할 수 있음'이라는 긍정의 도식으로 대체된다. (…) 그렇다고 능력이 당위를 지워 버리는 것은 아니다. 성과 주체는 규율에 단련된 상태를 유지한다. 그는 규율 단계를 졸업한 것이다. 능력은 규율의 기술과 당위의 명령을 통해 도달한 생산성의 수준을 더욱 상승시킨다.

저자는 우리 사회가 '규율 사회'에서 '성과 사회'로 변하고 있다고 말합니다. 우리는 학창 시절 내내 "안 된다"는 말을 들으며 자랐습니다. 우리 교육은 규율에 맞춰 살며 질서를 지키는 인간을 만들어 내는 것이 목표인 것처럼 보입니다. 아니, 좀 더 심하게 말하자면 무조건 복종하는 인간을 만들어 내려는 것처럼 보입니다. 얼마

전 신문에서 이런 기사를 보았습니다. 서울대에서 4.0이상의 학점을 받은 학생들의 공부 비법을 알아 본 결과, 대부분이 교수의 말을 토씨 하나까지 틀리지 않게 필기한다고요. 충격이었습니다. 우리의 교육 과정은 마치 단거리 달리기를 하는 것과 같습니다. 대입 시험이라는 하나의 목표를 향해 질주하게 만들죠. 그래서 질문이 많고 궁금한 것이 많은 학생들이 고득점을 얻기는 거의 불가능합니다. 그렇게 자신의 생각을 규제하며 좋은 대학에 들어가 고득점을 얻은 사람들은 역시 상명하복을 선호하는 기업과 조직에서 엘리트의 삶을 살아갑니다. 그러니 이 사회가 '할 수 있다'의 사회로 옮겨 갔다는 저자의 말에 고개를 갸웃거리게 되기도 합니다.

하지만 다른 나라와의 경쟁을 피할 수 없으니 우리나라는 규율 사회인 채로 성과 사회를 지향하는 셈입니다. 그러다 보니 말과 행동이, 정책과 현실이 어긋나기 일쑤죠. 한마디로 우리나라 전체가 당나귀를 팔러 가는 부자의 상황이라고 할 수 있습니다.

언뜻 규제 사회에서 능동성을 강조하는 사회로 변화하는 것이 바람직해 보입니다. 하지만 사람들은 여전히 피로하고 우울합니다. 저자는 인간을 위한 변화가 아니라 자본주의를 위한 강요된 변화이기 때문이라고 설명합니다. 자본주의 초창기에는 수동적인 다수가 많은 이윤을 내는 데 공헌했지만, 지금은 성과를 위해 능동적으로 움직이는 소수가 큰 이윤을 내고 있습니다. 따라서 자본주의 사회는 한계에 다다른 옛 방식을 버리고 새로운 방식으로 더 많은 이윤을 만들어 내려고 합니다. 성과를 내기 위해 긍정적 마인드로 스스로 움직이라는 메시지를 끊임없이 전달하고 있습니다. '긍정'이라는 좋은 말조차 이윤 추구의 키워드로 활용되면서 사람들은 또 다른 스트레스를 받습니다. 모든 것을 긍정하고, 모든 것에 정력적이어야 하는 사회에서 사람들은 점차 무기력한 우울증에 빠지게 됩니다. 무기력해진 인간은 분노하는 법도 잊습니다. 저자는 "새로운 상황이 시작되도록 만들 수 있는 능력"인 분노 대신 "어떤 심대한 변화도 일으키지 못하는 짜증과 신경질만이 점점 더 확산되어 간다"고 말합니다.

이런 상태에서 벗어나기 위해 저자는 사색을 제안합니다. 사색적 삶이란 생각하는 삶을 말합니다. 하지만 현대 사회에서 사색하는 법을 아는 사람이 과연 몇이나 될까요? 성과를 내기 위한 '기계적인 생각'이 아닌 '인간 존재의 힘을 키우는 생각'은 어떻게 해야 하는 것일까요? 저자는 니체의 말을 빌려 '어떤 자극에 즉시 반응하지 않고 속도를 늦추고 중단하는 본능을 발휘하는 법을 배워야 한다'고 말합니다.

> 힘에는 두 가지 형태가 있다. 하나는 긍정적 힘으로서 무언가를 할 수 있는 힘이고, 다른 하나는 부정적 힘으로서 하지 않을 수 있는 힘. (…) 부정적 힘 없이 오직 무언가를 지각할 수 있는 긍정적 힘만 있다면 우리의 지각은 밀려드는 모든 자극과 충

동에 무기력하게 내맡겨진 처지가 될 것이고, 거기서 어떤 "정신성"도 생겨날 수 없을 것이다. 무언가를 할 수 있는 힘만 있고 하지 않을 힘은 없다면 우리는 치명적인 활동과잉 상태에 빠지고 말 것이다. 무언가를 생각할 힘밖에 없다면 사유는 일련의 무한한 대상들 속으로 흩어질 것이다. 돌이켜 생각하기 Nachdenken는 불가능해질 것이다.

우리는 위기에 처하면 온몸이 굳어지는 것을 느낍니다. 위기 상황에서 모든 일은 슬로우 모션처럼 천천히 흘러가죠. 이를 의학적으로는 생존을 위한 본능이라고 하겠지만, 저는 사색을 위한 순간이라는 생각도 듭니다. 빠른 행동이 필요할 것 같은 위기의 상황에서, 정작 당사자의 시간만은 천천히 흐르는 이유. 그 사고의 과정을 통해 우리는 긍정적으로 '한다'고도, 부정적으로 '하지 않는다'고도 말할 수 있습니다. 어떤 것을 결정하든 사색할 수 있는 인간, 즉 활동 과잉 상태의 착취당하는 인간이 아닌 본연의 인간이 정한 것이라면 믿어도 되는 것입니다.

2.
내 동심은 어디로 갔을까

에리히 캐스트너의 「하늘을 나는 교실」 — 알렉산더 닐의 「서머힐」

"학생들이 무엇이든 털어놓을 수 있는 선생이 필요하다. 소년들의 진실한 짝이 되기 위해 언젠가 나는 꼭 이 학교의 사감 선생이 되겠다." — 동화 「하늘을 나는 교실」

우리들의 제도는 인간이 자유롭고 독립적이라고 믿지만, 실제로는 남들이 바라는 모든 것들을 다 하는 사람들과, 사회라는 기계에 아무런 마찰도 없이 조립되고 강제나 통솔자가 없어도 통솔되고 맹목적으로 휘둘려지는 인간들을 필요로 한다. 이런 제도는 사람을 '순하게' 만드는 제도이다. — 인문학 『서머힐』

에리히 케스트너의 『하늘을 나는 교실』

동화의 주요 메시지 중 하나
는 '동심을 잃지 말라'입니다. 동심이란 훼손되지 않은 인간의 본
성을 뜻하는데, 종교에서도 같은 의미로 동심을 중시합니다.

"진실로 너희에게 이르노니 너희가 돌이켜 어린 아이들과 같
이 되지 아니하면 결단코 천국에 들어가지 못하리라(마 18:3)."

많은 어른이 어린아이의 마음을 읽을 수 없다고 말하지만, 저는
그렇지 않다고 생각합니다. 마음 깊은 곳을 가만히 살피면 누구나
읽을 수 있다고 생각하죠. 만일 그것이 불가능하다면 그것을 가로
막는 것은 아마도 자기 자신일 것입니다. 순수한 마음으로는 살기

힘들다고, 동심이란 미성숙한 것이라고 말이지요. 우리는 언제 이런 마음을 잃어버렸을까요? 저는 공부가 지겨워진 그때부터 우리의 동심이 사라지기 시작했다고 믿습니다.

"공부가 재미있는 사람도 있나?" 하고 반문하는 분도 계실 것입니다. 단어를 조금 바꿔 볼까요? 공부 대신 탐구심이나 호기심으로 말이죠. 갓난아기부터 입학 전까지 또는 학습지를 풀기 전까지의 아이들은 호기심이 왕성합니다. 새로운 것을 보면 본능적으로 유심히 관찰하고, 익숙해질 때까지 반복하며, 말을 시작하면서부터는 "왜"라는 말을 입에 달고 다닙니다.

새로운 것에 대한 호기심, 끈질긴 탐구, 알 때까지 포기하지 않는 자세. 이는 공부를 잘 하기 위한 재능이기도 합니다. 그러니까 누구나 공부를 잘 하도록 태어난 것입니다. 하지만 현실에서는 대부분 공부에 질리고 말죠. 어른들이 공부를 학습지 풀기나 수업 시간으로 한정지으면서요. 우리는 아주 오랜 세월 짜증을 억누르며 공부를 하죠. 인내의 결과로 대학에 가고 취직도 하지만, 바로 그 순간부터 공부를 놓아 버립니다. 입시가 끝난 아이들은 교과서를 없애 버리고, 어른 중에 책 읽기를 취미로 가진 사람은 손에 꼽을 정도입니다.

그런데 우리를 괴롭힌 것이 과연 '공부'였을까요? 인간은 누구나 공부하는 재능을 지니고 태어났는데 말이죠. 그러한 본성이 왜 학교에 들어가면 감쪽같이 사라질까요? 도대체 학교란 어떤 곳이기에, 우리의 본성을 이토록 확실하게 없애 버렸을까요?

독일 작가 에리히 케스트너˚의 『하늘을 나는 교실』은 공부 재능을 빼앗긴 어른이 읽으면 좋을 동화입니다. 저는 이 책으로 소위 '액자식 구성'이라는 형식을 처음 접했습니다. 이야기는 작가가 주인공 중 한 명인 요니의 사연을 들려주면서 시작되는데, 마지막에 작가가 우연히 요니를 직접 만나면서 끝이 납니다. 이 형식 덕분에 이야기 속 아이들이 현실에서도 있을 것 같은 느낌을 줍니다. 모두의 사정을 알고 모험을 응원했던 저는 그들의 또 다른 친구였습니다. 비록 내가 다니는 이 학교 안에는 없다고 해도, 나와 같은 생각을 지닌 친구가 세상 어딘가에 있을 것이라는 믿음이 생겼기 때문입니다. 작가는 어린 독자들에게 진짜 멋진 친구들을 소개해 주려고 했던 것 같습니다. 그리고 어쩌면, 숨 막히는 현실에서 작가 스스로 그 친구들의 존재를 믿고 싶었는지도 모릅니다.

『하늘을 나는 교실』이 출간되고 1년 뒤, 에리히 케스트너의 모든 작품은 독일에서 출판이 금지되었습니다. 이 책이 출간된 1933년 당시 독일은 히틀러 천하였습니다. 제1차 세계대전에 참전했던 케스트너는 어떤 마음으로 그 시절을 지냈을까요? 전체주의 광풍이 휩쓸고 있는 나라, 전쟁으로 치달아 가는 정세 속에서 모든 것을 통제받던 시절이었으니 가슴 깊이 정의와 평화를 지지했던 작

˚ 에리히 케스트너(Erich Kästner, 1899~1974)는 기지와 유머가 넘치는 소년 소설을 발표하여 소년 문학의 새로운 분야를 개척하였다.

가의 마음은 터지기 일보 직전이었을 것입니다. 그러나 케스트너는 히틀러 치하의 다른 지식인처럼 망명을 시도하지 않았습니다. 그는 끝까지 독일에서 거주하며 글쓰기를 멈추지 않았습니다. 스위스에서 계속 작품을 출판한 굳은 심지의 작가를 생각하고, 그 시대 상황을 알면 『하늘을 나는 교실』이 전하는 메시지가 뚜렷이 보입니다. 그러나 이것은 어디까지나 어른으로서의 읽기입니다. 아직 역사나 세상을 모르던 어린 저에게 이 책은 그저 재미있는 학교 모험담이었습니다.

주인공이 다니는 지기스문트 고등학교에는 기숙사생과 통학생이 섞여 있습니다. 머리 좋고 정의감이 강한 마르틴, 농담을 잘해 익살꾼으로 통하는 세바스티안, 권투 선수가 꿈이고 먹을 것이라면 사양하는 법이 없는 마티아스, 어린 시절 버려진 상처를 가진 시인 요니, 겁쟁이 울리. 각기 개성이 뚜렷하지만, 현실 속 학교에서도 있을 법한 아이들입니다.

때는 크리스마스를 앞둔 어느 날, 아이들은 크리스마스 특별 연극 연습에 한창입니다. 학생들 사이에 시인으로 불리는 요니가 연극 대본을 썼습니다. 이 책의 제목과 같은 제목의 대본 1막에서는 「수업은 실제 현장에서」라는 내용이 나옵니다. 빙하에 대해 배우기 위해 북극으로, 이집트 역사를 배우기 위해 피라미드로 날아가는 이야기입니다.

아이들이 연극 연습을 하고 있을 때 사건이 벌어집니다. 통학생인 프레들린이 피투성이가 된 채 연습실로 들어옵니다. 전부터 앙숙이었던 실업 학교 학생들이 통학생인 클로이쯔캄을 인질로 가두고 숙제 노트까지 빼앗았습니다. 감히 '우리 편'을 건드렸다는 분노에 아이들이 전부 뛰쳐나갑니다. 약하고 겁쟁이로 소문난 울리는 상급생인 테오도르가 알게 되면 귀찮아질 것이라고 충고하지만, 주먹이 앞서는 마티아스에게는 비겁한 핑계로밖에 들리지 않습니다. 마티아스가 "겁쟁이는 빠져"라고 하자 울리도 발끈해서 함께 합니다.

그런데 이 아이들이 달려간 곳은 인질이 잡혀 있는 실업 학교가 아닙니다. 아이들은 폐차에서 사는 '금연 선생'을 찾아갑니다. 사실 아이들도 헷갈렸던 거지요. 동급생의 복수를 위해 싸우러 가는 것이 옳은지 그른지 말입니다. 아이들은 옳은 답을 구하기 위해 텃밭을 일구고 책을 읽으며 '금연 차'라는 안내판이 붙은 기차에서 담배를 피우는 '금연 선생'을 찾습니다. 그렇다면 학교에는 이런 문제에 답해 줄 선생이 없었을까요? 학교에는 학생들이 사랑하는 베크 선생님이 있습니다. 그런데 베크 선생의 별명은 정의로운 사람이라는 뜻의 '유스투스Iustus'죠. 정의로운 사람은 정의롭기 때문에 아이들 입장에서는 답답할 수 있습니다. 동급생이 피를 흘리며 달려왔어도 복수를 허락할 사람이 아니라는 것을 아이들도 알고 있습니다. 그러니 원하는 답을 내주지 않을 것이 뻔한 유스투스 선생을 찾을 수 없었던 거지요. 정의롭고 아이들의 말을 잘

들어 주는 면에서는 베크 선생과 비슷하지만, 이번 일은 융통성이 있는 금연 선생에게 질문하는 것이 좋겠다고 판단한 것입니다.

많은 어른들이 자신의 삶에 매몰된 나머지 아이들의 삶을 폄하하는 경향이 있습니다. 흑과 백이 명확히 나뉘는 일이 없는 세상에서 고민하며 살고 있는 어른과 마찬가지로 아이들의 일상도 '분명하지 않은 일'이 많은데, 어른들은 아이들 인생의 흑과 백을 너무 쉽게 정리해 버립니다. 그러다 보니 아이들에게는 진짜 고민을 털어놓을 사람이 없습니다. 어른들은 흔히 아이들을 학교에 가둬 두는 이유로 그들이 '미성숙한 존재'이기 때문이라고 말합니다. 그것은 맞는 말일지도 모릅니다. 그런데 진짜로 성숙한 존재의 도움과 가르침이 필요한 순간에 어른들은 그들을 외면하고 맙니다. 그래서 아이들은 소위 '사고'를 칩니다. 요즘 아이들에게는 '금연 선생'이 없는 것입니다.

금연 선생은 아이들의 문제를 있는 그대로 봐 줍니다. 아이들이 느끼는 심각함을 그 깊이대로 느껴 줍니다. 그렇다고 무책임한 어른도 아닙니다. 그는 아이들이 스스로 논리적이고 합리적으로 생각하도록 도와줍니다. 아이들이 복수에 앞서 그를 찾아간 것도 바로 그 때문이었습니다. 자신들의 생각이 100% 옳다고 확신할 수 없기에 아이들은 '먼저 경험한(先生)' 사람의 조언이 필요했던 것입니다.

금연 선생은 실업 학교 아이들의 행위가 이유 없이 벌어진 것

인지 문제를 제기합니다. 금연 선생의 질문에 아이들은 이 사건의
원인 제공자가 실은 지기스문트 학교 학생들이라는 것을 스스로
깨닫지만, 그렇더라도 이 '전쟁'을 피할 수 없다는 결론에 이릅니
다. 일반 어른이라면 아이들의 결론에 질색할 것입니다. 설사 아
이들 편에서 이야기를 들어줬더라도 웬만하면 말로, 서로 화해하
고 덮으라고 할 것입니다. 하지만 금연 선생은 다릅니다.

> "어쩌면 나도 펠스테라이 가의 전쟁에서 부상당한 자들에게
> 붕대라도 감아 주리 길런지 모르겠다." (…)
> "하지만 목을 부러뜨리거나 팔을 부러뜨리는 일은 없어야 해.
> 너희들은 물론이지만, 상대편도 말이야. 그런 험한 일이 일어
> 난다면 뒷일이 복잡해지니까."

아이들은 담판을 지으러 가고, 그것이 결렬되자 전쟁을 벌입니
다. 그리고 인질을 구출하지만, 밉살맞은 선배 테오도르가 유스투
스 선생에게 일러바치는 바람에 모두가 선생님 앞으로 끌려가게
됩니다. 유스투스 선생은 아이들의 정의감에서 벌어진 일이라는
것을 알고 용서하지만, 교칙을 어긴 것을 봐줄 수는 없다고 말합
니다. 그는 아이들이 선생인 자신에게 사건을 털어놓지 않았다는
것을 알고, 그들에게 믿음을 주지 못한 자신을 자책합니다. 그리
고 학생들에게 상처받은 마음을 있는 그대로 털어놓습니다. 그러

자 아이들은 선생님을 찾지 않은 이유에 대해 설명하고, 선생님은 위로받습니다. 아이들은 자신이 남에게 상처를 줄 수 있다는 사실을 잘 모릅니다. 그렇기 때문에 아이들과 가까운 어른들은 그들의 실수를 일깨워 줄 필요가 있습니다.

> "학생들이 무엇이든 털어놓을 수 있는 선생이 필요하다. 소년들의 진실한 짝이 되기 위해 언젠가 나는 꼭 이 학교의 사감 선생이 되겠다."

유스투스 선생은 자신의 학창 시절 경험과 함께 선생이 된 이유를 아이들에게 털어놓습니다. 소년들의 진실한 짝, 그런 선생 또한 소년의 마음을 지녔다는 것을 우리는 알고 있습니다. 유스투스 선생은 규칙을 어긴 벌로 학생들에게 자신이 있는 교실로 찾아올 것을 명합니다. 자기 교실에서 고급차와 과자를 즐기며 이야기를 나누자는 초대. 규칙도 지키고 아이들의 마음도 지키는 현명한 벌이 아닐 수 없습니다.

크리스마스 연극 공연도 무사히 끝나고 모든 아이들이 집으로 돌아간 쓸쓸한 학교, 남아서 건물을 돌아보던 유스투스 선생은 홀로 남아 있는 마르틴을 발견합니다. 아버지의 실직 때문에 수업료를 4분의 1만 내고 있는 마르틴에게는 집으로 돌아갈 차비가 없습니다. 그 사실을 숨긴 채 꿋꿋하게 연극 연습을 했지만, 홀로 남은 학교에서는 슬픔을 숨길 수 없습니다. 기차표가 없어서 집에 가지 못하느냐는 유스투스 선생의 질문에 마르틴은 참았던 눈물을 터뜨립니다.

> "저토록 격렬하게 슬퍼할 때에는, 곧장 위안의 말을 해 보아도 소용이 없을 거야. 조금 뒤 마음을 안정시킨 다음 달래야겠군."

제아무리 다 큰 듯 허세를 부려도 열다섯은 열다섯일 뿐입니다. 유스투스와 금연 선생은 아이들을 하나의 인격으로 대하면서도 위로와 도움과 가르침이 필요한 나이라는 것 또한 잊지 않습니다. 아이들의 의견을 존중한다는 어른들 중에는 아이들이 규칙을 어기거나 어떤 일에 혼란스러워할 때도 아이의 의견만 묻는 경우가 있습니다. 이것은 아이의 의견을 존중하는 것이 아니라 아이들을 방치하는 것입니다. 배운다는 것은 사회에서 살아갈 힘을 얻기 위한 것입니다. 따라서 교육은 무엇이 되고 안 되는지를 배우는 과정이기도 합니다. 또한 아이들은 절망에 대한 것도 배웁니다. 자신의 힘으로 어쩔 수 없는 일에 속수무책일 때, 위로받고 힘내는 법도 배웁니다. 어른이, 선생이 옆에 있는 이유는 바로 이 두 가지를 가르치기 위해서가 아닐까요? 격렬하게 우는 아이를 잠시 내버려 둘 줄 알며, 기꺼이 소년의 짝이 되려는 사람이 바로 좋은 선생입니다.

어린아이 같은 호기심과 '왜'라는 질문만으로 이 세상을 살아가는 데 필요한 모든 공부가 완성된다고 말할 수는 없습니다. 어른이 되기까지 알아야 할 내용은 방대하고, 직업을 얻기 위한 학습도 녹록치 않습니다. 그러므로 학교는 필요한 장소입니다. 다만, 지기스문트 학교의 유스투스, 베크 선생과 금연 선생처럼 아이들의 잠재력을 키워 줄 수 있는 진정한 선생이 아쉬울 뿐이죠. 자신의 본성을 최대한 다치지 않고, 공부할 수 있도록 미래로 나아가는 진정한 학교는 어디에 있을까요?

동화 넘어 인문학

알렉산더 닐의 『서머힐』

중학생이 된 첫 해, 국사 시간이었습니다. 저는 이해를 해야만 기억할 수 있는 아이였습니다. 일단 이해를 하면 따로 외울 필요가 없으므로, 책을 읽는 것만으로 공부는 충분했습니다. 그런데 국사 선생님이 연습장 몇 장에 암기한 내용을 꽉 채워 오라는 숙제를 내주었습니다. 선생님이 정리한 주요 내용을 반복해서 외우게 하는 것이 목표였을 텐데, 전 이해할 수 없었습니다. 그래서 선생님께 숙제를 내는 이유를 묻고, 암기를 위한 것이라면 하지 않아도 될 것 같다고 말씀드렸습니다. 그러나 선생님은 "무조건 해오라"고 하셨지요. 결국 저는 '연습장 지저분하게 만들기' 숙제를 하느라 정작 공부할 시간을 빼앗겼습니다. 그 숙제를 몇 번 하지 않은 적도 있는데, 그때마다 손바닥이 얼얼하도록 매를 맞아야 했습니다. 그렇게 1년이 지난 뒤에는 낙서를 하지 않고는 외워지지 않았습니다. 저의 본성을 잃어버린 것이죠.

알렉산더 닐*의 『서머힐』은 대안 학교의 대명사인 서머힐 학교에 대한 책입니다. 교육학자이자 아동심리학자인 닐은 아이들의 본성을 파괴하는 교육에 대한 대안으로 서머힐을 만든 과정과 학교의 모습, 아이들의 생활 등에 대해 썼는데, 이 책을 읽으면 그동안 우리가 당연하다고 여긴 각종 감시와 통제, 그리고 그것을 내면화함으로써 스스로 억눌러 버린 자연스러운 본성에 대해 깨닫게 됩니다.

> 우리들의 경제 구조는 조직의 명령에 순종하는 사람들이 대립 없이 함께 일하며 점점 더 많은 상품을 소비하는 것을 필요로 한다. 즉, 기호가 획일화하고, 쉽게 동화하고, 수요를 미리 예측

● 알렉산더 수더랜드 닐(Alexander Sutherland Neill, 1883~1973)은 영국의 교육자로, 철저한 자유 교육을 실천하여 제도화된 학교 관리 교육에 날카로운 비판을 가하였으며 서머힐 스쿨을 설립하였다.

할 수 있는 대중들이 만들어져야 하는 것이다.

우리들의 제도는 인간이 자유롭고 독립적이라고 믿지만, 실제로는 남들이 바라는 모든 것들을 다 하는 사람들과, 사회라는 기계에 아무런 마찰도 없이 조립되고 강제나 통솔자가 없어도 통솔되고, 맹목적으로 휘둘려지는 인간들을 필요로 한다. 이런 제도는 사람을 '순하게' 만드는 제도이다.

『서머힐』의 머리말에서 에리히 프롬은 자신의 저서 『현대인과 그 장래』의 내용을 참조하여 이렇게 썼습니다. 우리를 억압했고, 우리의 후배와 아이들을 괴롭히고 있는 학교의 정체를 놀라울 정도로 정확히 분석했다는 생각이 듭니다.

자유로운 어린이들에게는 억눌려 있는 어린이만큼 미움이 많이 쌓여 있지 않다. 미움은 미움을 낳고 사랑은 사랑을 낳는 법이다. 사랑받는 어린이는 인정감認定感을 갖고 있는데, 이것은 어느 학교에서나 중요하다. 어린이들을 벌하고 욕하면 어린이들의 편에 설 수 없게 된다. 서머힐은 어린이들이 인정을 받고 있다고 느낄 수 있는 학교이다.

어떤 사람은 교육이 무無로부터 유有를 창조하는 일이라고 생각할지 모릅니다. 백지 상태의 아이들을 훌륭한 '인재'로 키워 내는 일이라고 말이죠. 하지만 독일의 철학자 훔볼트^{Karl Wilhelm Von} ^{Humboldt}는 "모든 인간의 목표는 개인의 능력을 가장 고귀하고 조화롭게 발전시켜 모순이 없고 완전한 존재가 되는 것이다"라고 말했습니다. 표면적으로 학교가 내세우는 정신과 다르지 않은 것 같지만, 아주 큰 차이가 있습니다. 바로 '개인의 능력'을 인정하느냐 안 하느냐 하는 지점에서 말이죠. 훔볼트는 개인은 잠재력을 갖고 있는 존재라는 전제하에 말하고 있습니다. 하지만 실제 우리가 경험한 학교들을 돌이켜 보면, 대부분 '개인의 능력'을 무시한 교육이었다는 생각이 듭니다. 학교의 커리큘럼은 아이들의 능력을 발견하는 데 무관심하고, 수많은 시험은 잠재력을 들여다볼 만한 시간을 빼앗죠. 개인의 잠재력과는 상관없이 학교, 혹은 사회가 요구하는 능력을 발전시키는 것이 학교의 목표인 것입니다. 많은 아이들이 학창 시절 내내 실패자로 살아야 할 수밖에 없는 구조라고 할까요? 그러니 학교가 아이들을 화나게 만든다는 말도 당연합니다. 그 긴 시간동안 "안 된다"는 말만 듣고 산다면, 미움이 쌓이지 않을까요? 아이들이 원래의 꽃을 피울 수 있도록 도와주는 학교, 그런 교육을 꿈꾸어 봅니다.

3. 내 안의 임금님, 자존심

전래 동화 「임금님 귀는 당나귀 귀」 - 노자의 「노자」

"전하, 그것은 전혀 숨길 일이 아니옵니다. 임금이 백성의 소리를 들으려면 무엇보다 귀가 커야 하지 않겠습니까? 하늘이 전하와 우리 백성을 사랑하여 전하의 귀를 길게 만드셨으니, 이제부터는 두건 밖으로 귀를 내놓으십시오."

– 동화 「임금님 귀는 당나귀 귀」

자연이란 존재 사물을 지칭한다기보다는 "스스로 그러한 것"또는 "저절로 그러한 것"으로서 어떤 의식이나 작위가 가해지지 않은 진실로 소박하게 운행하는 사물의 궁극적 상태를 가리킨다. - **인문학 「노자」**

『임금님 귀는 당나귀 귀』

중국 신화에 의하면, 우주는 중앙의 신神인 '혼돈昆沌, Chaos'이 남쪽바다의 신인 '숙儵'과 북쪽바다의 신인 '홀忽'에 의해 구멍이 뚫리면서 열립니다. 나뉜 것이 없고 경계가 흐릿한, 그러니까 아무런 법칙도 없는 혼돈에 질서와 도리가 부여되자 혼돈은 사라집니다.

"누구에게나 먹고 듣고 보고 숨쉬는 일곱 개의 구멍이 있는데, 혼돈에게는 구멍이 하나도 없지 않은가? 우리가 불쌍한 혼돈에게 구멍을 내 주면 어떻겠는가?"

우주란 질서가 부여되면서 시작되었다는 것을 말해 주는 신화입니다. 우주의 한 부분인 인간 또한 이 질서로부터 시작되었습니다. 그런데 중국의 신화에서 언급하는 질서가 다름 아닌 인간의 몸을 근거로 했다는 것이 흥미롭습니다. 몸은 몸이되, 혈맥이나 신경이 아니라 쑥스럽게도 일곱 개의 구멍에 대해 말하고 있습니다.

중국 신화에서 묘사하는 혼돈의 생김새는 여러 모습이지만, 구멍이 없다는 것만은 같습니다. 한번 생각해 볼까요? 인간에게 구멍이 하나도 없다면? 눈이 없으니 보지 못할 것이요, 귀가 없으니 듣지 못할 것이요, 입이 없으니 먹지 못할 것이요, 항문이 없으니 배설하지 못할 것입니다. 한마디로 이런 인간은 없습니다. 생물도 없습니다. 삶을 영위하는 생명이란, 아주 간단히 정의하자면 외부로부터 흡수한 것을 다시 외부로 배출하는 존재입니다. 그러므로 생명은 타고난 일곱 개의 구멍을 어떻게 운용하는가에 따라 삶의 질이 달라질 수 있습니다. 제대로 먹지 못하고, 배출하지 못하면 인간답게 살기 힘들겠죠.

전래 동화 『임금님 귀는 당나귀 귀』는 바로 이런 이치에 대해 말해 줍니다. 신라 시대에 두건을 만드는 장인이 궁궐에 불려 갔습니다. 그는 은밀히 임금님의 모자를 만들라는 명령을 받습니다. 학자들은 이 이야기의 주인공이 신라 48대 경문왕이라고 말합니다. 혼란스러운 신라 말기, 그는 신라를 개혁하기 위해 보수 세력인 진골 대신 6두품을 적극적으로 기용한 왕이라는 평가를 받고 있습니다. 이 이야기는 그의 사후에 퍼지기 시작했다고 하는데,

그 의의에 대해서도 의견이 분분하죠. 개혁을 마뜩찮게 여겼던 신라 귀족의 반감의 증거라는 말도 있고, 백성의 말에 귀를 기울인 임금을 칭송하는 의미라는 얘기도 있습니다. 사실이 어떻든 이 이야기의 가장 재미있는 지점은 불가능한 명령을 받게 된 복두장僕頭匠의 처지입니다.

아무리 혼란스러운 시대라 해도 복두장의 눈에 왕은 여전히 하늘이 내린 신인神人이었을 것입니다. 그 고귀한 존재의 귀가 이상합니다. 당나귀처럼 길쭉한 귀. 하지만 이 정도를 두고 호들갑을 떤 것은 아무리 생각해도 왕의 과장이었습니다. 복두장의 눈에도 이상하기는 했겠지만, 왕의 무시무시한 경고가 아니었다면 '왕은 역시 다른 존재'라는 생각에서 끝났을지 모릅니다. 왕이 알에서 나오고, 하늘에서 금척이 내려왔다고 믿었던 시절 아닙니까.

"지금 네가 본 것을 입 밖에 발설할 경우 네 목숨은 물론 네 가족들도 무사치 못하리라."

많은 이야기 속에서 보았듯이 '금기禁忌'란 어기게 마련입니다. 인간의 호기심은 그 어떤 두려움도 이겨 내기 때문이죠. 인류가 그 행복했던 에덴동산에서 쫓겨난 것도, 인류의 황금시대를 마감하고 판도라 상자를 열어 버린 것도 죄다 호기심 때문 아닙니까.

아무튼 복두장은 인간이 겪을 수 있는 최대의 시련에 처합니다.

알고 있는 사실을 절대 말하면 안 되는 현실. 복두장은 자신이 왜 그 명령을 지켜야 하는지 충분히 알고 있습니다.

- 나와 가족이 위험해진다.
- 고귀한 임금님의 위신이 땅에 떨어진다.
- 비밀을 지키는 대가가 꽤 쏠쏠하다.

복두장은 참고 또 참습니다. 자신을 위해, 가족을 위해. 왕의 비밀을 지킨 대가로 그는 부자가 됩니다. 하지만 복두장은 시름시름 앓습니다. 눈은 항상 충혈되어 있고, 어깨는 돌처럼 딱딱합니다. 머리가 맑은 날은 손가락으로 꼽을 정도고, 밤이 되어도 잠이 오지 않습니다. 입맛도 떨어지고, 입에서 나오는 것은 한숨 뿐입니다. 가족이 무슨 일이 있느냐고 물으면 아무 일도 없다며 화를 벌컥 내거나, 입을 꾹 다물고 구석으로 사라져 버립니다. 복두장의 아내는 좋다는 약재를 사다가 정성껏 약을 달여 주지만, 백약이 무효합니다. 마음의 병이 깊어진 복두장은 결국 자신의 명을 다하지 못하고 죽음의 문턱에 이릅니다. 죽음을 예감한 그는 아무도 모르게 마을에서 멀리 떨어진 대나무 숲으로 홀로 찾아 갑니다. 그리고 대나무 숲에다 대고 고래고래 소리를 치죠.

"임금님 귀는 당나귀 귀!"

실컷 소리를 지른 복두장은 그 순간부터 마음이 편안해집니다. 덕분에 그는 편안하게 임종을 맞이할 수 있었습니다. 그러나 문제는 그때부터 시작됐습니다. 아무도 없는 대숲에서 바람이 불 때마다 최고 고위 공직자의 비밀이 마구 터져 나왔기 때문이죠. 자초지종을 알게 된 왕은 복두장의 괴로운 삶을 불쌍히 여깁니다. 때마침 현명한 신하가 이렇게 간언합니다.

"전하, 그것은 숨길 일이 아니옵니다. 백성의 소리를 들으려면 무엇보다 귀가 커야 하지 않겠습니까? 이제부터는 두건을 쓰지 마시옵소서."

백성을 사랑한 경문왕은 현명한 신하의 말이 맞다 여겨 그때부터 자신의 귀를 숨기지 않았다고 합니다. 그런데 이 이야기에는 다른 버전의 결말이 있습니다. 경문왕의 개혁을 폄하한 귀족 세력의 음모가 아닐까 싶은데, 속 좁은 경문왕이 자신의 부끄러운 비밀이 드러난 것에 화가 나서 갈대를 다 없애 버리고 그 자리에 산수유를 심었다는 내용입니다. 하지만 산수유 또한 약을 쉽게 구할 수 없는 백성에게 필요한 작물이니 경문왕의 마음을 완전히 숨겼다고 할 수 없는 결말입니다.

임금이 살던 신라가 아닌 오늘날에는 거리마다 카페도 즐비하고, 휴대 전화도 없는 사람이 없을 정도입니다. 그야말로 수다를 늘어놓기에 좋은 시절입니다. 그런데도 많은 사람들이 복두장이 겪은 증세를 앓고 있습니다. 숨 쉬기 힘들고, 머리가 무겁고, 어깨와 등이 아프고, 쉬이 피로하고, 주의력 결핍에 건망증도 늘고……. 이러한 증세를 한의사에게 토로한다면 분명 화병 혹은 울화병에 걸렸다고 말할 것입니다. 극도의 스트레스에 짓눌려 몸의 모든 구멍이 다 막혀 버린 것 같은 상태. 그것이 바로 화병입니다. 이는 국제적으로도 '화병'이라 불리는데, 우리나라 중년층 아주머니들에게서 집중적으로 발견되어 학계에 보고된 것이라 합니다. 시어머니 시집살이로 젊은 시절을 보내고, 남편과 아이들 앞에서 참기만 하다가, 며느리와 사위를 봐도 할 말 못하고 사는 아주머니들의 종착점이 바로 화병인 것입니다.

그런데 요즘은 누구의 며느리가 아니어도 화병에 걸린 사람이 많습니다. 남녀노소, 구분이 없습니다. 카페에서 아무리 열심히 수다하게 떠들어도 나아지지 않고, 술자리에서도 꺼낼 수 없는 말들이 많은 것입니다. 도대체 어떤 고귀한 분이 함구하라고 명했기에 열이 오르락내리락 하는 홧홧한 얼굴을 하고서도 입을 꾹 다물고 있는 것일까요?

물론 진짜로 지켜야 할 말들이 분명히 있습니다. 우연히 알게 된 타인의 아픔과 상처, 누군가에게 큰 손해를 끼칠 만한 사안은 그야말로 무덤까지 가져가야 할 것들입니다. 그런데 이런 말들은 그 비밀을 안고 있는 사람의 장기를 해치지 않습니다. 발설하지 못해 화병에 이르지 않는다는 말입니다.

사실 우리가 뱉지 못해 아픈 말들은 한 번씩은 우리를 기막히게 하고, 우리의 기를 죽이고, 우리를 억압했던 상황 속에서 나온 것입니다. 기氣, 매우 동양적인 이 단어에 대해 우리는 잘 알고 있습니다. 우리가 정서적 맥락에서 기氣를 운운할 때, 그 상황은 대부분 우리의 영혼과 관련 있습니다. 우리의 영혼을 다치게 할 정도로 힘들었던 순간, 그때의 일이 몸속 장기 곳곳에 독으로 박혀서 빠지지 않습니다. 그래도, 한번 몸에 박힌 독이 완전히 빠져나가기는 힘들다 해도, 외부의 공기와 순환되면서 독기는 점차 사라지고 우리 몸은 다시 살 만해집니다.

그런데 왜 우리는 쉽게 말하지 못할까요? 여러 이유가 있겠지만, 저는 우리 안의 임금님, 자존심을 이야기하고 싶습니다. 자신에게 상처를 줄 수 있는 사람은 대개 가까운 사람들입니다. 동료나 친구라면 그나마 입을 떼기 쉽지만, 믿었던 연인이나 배우자, 핏줄로 이어진 가족으로부터 상처를 받는다면 제아무리 큰 상처라 해도 입을 열기가 쉽지 않습니다.

그래서 내게 상처를 줬을지라도 자신이 매우 사랑하는 존재이기 때문에, 그들이 준 상처를 누군가 제 3자에게 꺼내는 것은 그들의 명예를 훼손시키는 것과 같다고 생각해 버립니다. 말해 봐야 그 흉이 내가 속한 가족, 연인 관계로 돌아오는 것 같아서, 그러니까 누워서 침 뱉기 같아서 말하지 못합니다. 말한다고 해도 해결

될 일이 아니라는 생각에 더욱 입을 다물어 버립니다.

자존심이 센 사람일수록 더욱 그렇습니다. 지금까지 지켜온 자신의 모습을 무너뜨릴 수가 없어서, 또는 평소 그렇게 하소연하는 사람들을 이해할 수 없다고 생각했기에 차마 말하지 못하기도 합니다. 하지만 우리는 인간이고, 인간은 항상 환기가 되어야만 살아갈 수 있습니다. 음식과 공기와 물이 몸 안과 바깥을 드나드는 것이 지극히 당연한 것처럼, 말도 내 몸의 안과 밖으로 들고 나야 합니다. 그것이 막혀 버리면 우리는 '혼돈'스러워지는데, 중국 신화의 '혼돈'이 아닌 한, 태어나면서부터 구멍이 뚫린 인간으로 태어난 이상, 존재는 '혼돈'으로 살아갈 수 없습니다.

따라서 진짜 기가 막히기 전에 우리는 얼른 대나무를 찾아야 합니다. 살면서 한두 사람쯤은 나의 대나무가 되어 줄 사람이 있습니다. 우리가 그토록 친구를 필요로 하고, 어릴 적 친구를 가장 편하게 대하는 이유도 자신의 치부까지 다 본 사이라서 어떤 이야기를 하든, 어떤 상황에 빠져 있든 그대로 봐 줄 것이라는 믿음 때문입니다. 한마디로 자존심이 필요 없는 사이가 가장 이상적인 대나무 숲인 것입니다. 하지만 이 말을 뒤집으면 자존심이 필요 없는 사이란, 상대가 알아서 그것을 지켜주는 사이를 말합니다.

흔히 너무 완벽한 사람에게는 인간미가 없다고 말합니다. 완벽해 보이는 사람이 말도 안 되는 실수를 할 때, 사람들은 그를 더 좋아합니다. 왜 그럴까요? 저는 그것을 동류 의식이라고 생각합니다. 실수하는 존재라는 것을 알고 있으면서도 막상 완벽해 보이는 사람을 만나면 속기 쉬운 것 또한 인간이죠. 그런 사람을 경외심을 갖고 보면서도 동시에 자존심이 발동하는 것입니다. 그렇기에 완벽해 보이는 사람 앞에서는 본능적으로 긴장하게 됩니다. 그런 완벽한 사람의 실수는 긴장했던 사람에게 파란 신호등과 같은 기능을 합니다. 바로 "나도 인간이에요. 그러니까 나도 우리에요"라는 신호 말입니다.

"임금님 귀는 당나귀 귀!"

우리가 우리 안에서 무서운 임금님 노릇을 하는 자존심을 꺾고 자신의 '구질구질한 개인사'를 남에게 털어놓아야 하는 이유는 무엇보다 화병에 걸리지 않기 위해서입니다. 그리고 또 하나의 중요한 이유가 있습니다. 우리는 각자 누군가의 대나무 숲이 되어 주어야 한다는 이유입니다.

사람은 기본적으로 자기중심적일 수밖에 없습니다. 구질구질한 이야기를 결코 꺼내지 않는 사람은, 그런 이야기를 하는 사람을 이해하지 못합니다. 설령 이해한다고 말하더라도 진심으로 그 사람이 왜 그러는지 알지 못합니다. 이러한 이해는 동등한 위치에서 하는 것이 아닙니다. 나보다 열등한 면을 내려다보는 이해일 뿐이기 때문입니다. 그러한 마음으로는 누군가의 아픔을 진심으로 품어줄 수 없습니다.

　세상을 살다 보면, 너무 아픈 데도 침묵하는 사람들이 있습니다. 자존심 때문이 아니라 대나무 숲을 갖지 못했기 때문입니다. 이는 친구가 없다는 말이 아닙니다. 좋은 친구가 있어도 말할 수 없는 사람들이 있습니다. 그런 사람들은 모든 것을 가슴에 담아두는 이유를 이렇게 말합니다.

　"말하면 그도 속상할 테니, 아예 말하지 않아요."

　인생은 누구에게나 호락호락하지 않습니다. 또 처지가 비슷한 사람들끼리 친하다 보니, 어려움을 겪는 내용도 엇비슷한 경우가 많습니다. 가끔 서로의 아픔을 토로하지만, 어느 순간 친구의 기막힌 이야기를 듣기가 버겁다고 느껴지는 순간이 옵니다. 한 번 그것을 느끼면 그때부터 친구의 마음도 그럴 것이라 짐작하게 되고, 점점 입을 다물게 됩니다.

　그런가 하면, 아예 자존심이라곤 없어 보이는 사람들이 있습니다. 별 이야기를 다 한다는 생각이 드는 사람도 있고, 지극히 사소한 사연을 텔레비전이나 라디오에 보내는 사람도 있습니다. 그러나 그들에게도 자존심이 없을 리 없습니다. 모든 인간이 평등하다고 진심으로 생각한다면, 그들이 그렇게 되기까지의 시간을 함께하지 않았다면 판단하지 말아야 할 일입니다.

　인디언의 어느 부족은 친구를 "내 짐을 어깨에 지고 가는 사람"이라 부른다고 합니다. 우리가 내 인생의 짐을 상대의 어깨에 부려 주기도 하고, 내가 견딜 만할 때는 상대의 아픔을 지는 그런 사람이 되면 어떨까요? 지나친 도시화로 대나무 숲을 보기 힘든 이 시대에 말입니다.

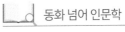

동화 넘어 인문학

노자의 『노자』

중국 춘추 시대의 사상가인 노자°가 쓴 『노자』에는 "굳세고 강한 자는 제 명대로 살 수 없다. 나는 (이 이치를) 장차 가르침의 어버이로 삼을 것이다"라는 말이 나옵니다. 저는 인간이 자연의 일부라고 생각합니다. 저뿐만이 아니라 많은 한국인이 그리 생각할 것이라 봅니다. 동북아시아, 한자 문화권에 스며들었던 노장 사상의 영향 때문이겠지요.

자연이란 존재 사물을 지칭한다기보다는 "스스로 그러한 것" 또는 "저절로 그러한 것"으로서 어떤 의식이나 작위가 가해지

● 노자(老子)는 중국 춘추 시대의 사상가로, 도가(道家)의 시조다. 상식적인 인의와 도덕에 구애되지 않고 만물의 근원인 도를 좇아서 살 것을 역설하고, 무위자연을 존중하였다.

지 않은 진실로 소박하게 운행하는 사물의 궁극적 상태를 가리킨다.

　가장 편안한 상태를 이를 때, '자연스러운 상태'라고 말하는 것도 위와 같은 새김이 있기 때문일 테죠. 그런데 한없이 인공적인 사회에서 살아야 하는 우리들에게 이 자연스럽다는 상태보다 취하기 어려운 것도 드뭅니다. 『임금님 귀는 당나귀 귀』에서 복두장의 몸이 굳고 딱딱해진 나머지 죽음에 이르게 된 것은 자연스러움을 회복하지 못했기 때문이라 할 수 있습니다. 모든 것이 풍족했던 그가 병이 든 원인은 단 하나, 진실을 말하지 못한다는 것뿐이었습니다.

　그런데 도대체 진실이라는 것이 무엇이기에 사람을 그렇게나 괴롭히는지 곰곰이 생각해 봅니다. 다른 사람은 있는지조차 모르는 진실 한 조각을 알고 있을 뿐인데, 왜 그것이 목의 가시처럼 들러붙은 것일까요? 나아가, 사람들은 왜 진실이란 밝혀질 수밖에 없다고 굳게 믿는 것일까요? 오늘날 비밀을 지키는 대가로 엄청난 재물을 준다고 하면 무덤까지 입을 다물 사람이 수없이 많을 것 같은데 말이죠.

　어느 날, 공자가 장자에게 진리란 무엇인지 물었다고 합니다. 진리, 즉 참이란 우리말 사전에는 "사실이나 이치에 조금도 어긋남이 없는 것"이라고 새겨져 있습니다. 어찌 보면 자연과 이음동

의어처럼 느껴지기도 하죠. 장자는 공자에게 정성을 다하는 것이 진리라고 말했다고 합니다. 가짜 슬픔, 가짜 분노, 가짜 공포 등으로는 다른 사람의 마음을 움직일 수 없다고 말합니다. 예술을 업으로 삼는 사람들은 한 번씩 들어본 '진정성'이라는 말과 일맥상통하죠. 진리란 마음을 요동치게 만드는 진실을 정성을 다해 전달한 어떤 것인지도 모르겠습니다.

복두장은 그 반대의 과정을 거쳤던 것이 아닐까요? 진실을 혼자 가슴에 품고 있으니, 인간인 그의 마음이 움직이지 않았을 리 없는 것이죠. 밖으로 뛰쳐나오려 하는 그것을 마음에만 담다 보니 그 날뛰는 힘 때문에 마음이 상하고, 결국 몸까지 다친 것은 아닐까요? 자연 그 자체인 인간이기에 딱딱하게 굳어진 상태를 이겨내지 못하고 결국에는 자연으로 돌아가게 된 것은 아닐까요? 그리하여 세상의 모든 진리는 그 자연스러운 생리에 따라 결국 세상에 나오기 마련인 것이 아닐까요?

> 위대한 도가 없어지자 인仁과 의義가 생겨났고,
> (교묘한) 지혜가 나타나자 큰 거짓이 생겨났다.
> 육친六親(아버지·자식·형·동생·남편·아내, 곧 가정)이 화목하지
> 못하자 효성과 자애가 생겨났고,
> 국가가 혼란해지자 충신이 나왔다.

노자는 자연스러움이 사라진 상태에서 도덕과 윤리가 나타났다고 말합니다. 진실을 덮기 위해서 거짓이 거짓을 낳는 것과 비슷한 상태라고도 할 수 있죠. 진리가 세상 여기저기에 흔하게 굴러다니고, 모든 사람의 마음이 자연스러운 세상. 모든 샹그릴라가 지상에서 자취를 감춘 것처럼 노자가 말한 이상향도 더는 닿을 수 없어졌습니다. 하지만 먼 곳을 목표로 삼아야 그 가까이라도 갈 수 있듯이 우리 마음속에 이상향을 품어야 적어도 자연스럽지 못한 것들을 거부라도 할 수 있지 않을까요? 혹은 경문왕처럼 마음을 고쳐먹을 수 있지 않을까요?

4. 돌고 돌아 다시 나에게 오는 것들

전래 동화 『은혜 갚은 까치』 — 신영복의 『더불어 숲』

옛날, 옛날, 아주 먼 옛날에, 과거를 치르러 가던 선비가 황구렁이에게 잡아먹힐 뻔한 새끼 까치의 목숨을 구해 주었습니다. 그런데 그날 밤, 선비가 잠을 자다 가슴이 답답해 일어나 보니 구렁이 한 마리가 선비의 몸을 칭칭 감고 있었습니다.

— 동화 『은혜 갚은 까치』

로마의 유적에 대한 찬탄이 새삼 마음을 어둡게 하는 까닭은 그것은 곧 제국에 대한 예찬과 동경을 재생산해 내는 장치가 되기 때문입니다. 유네스코가 지정한 인류 문화유산 가운데 40퍼센트가 로마에 있다는 사실은 세계사의 현주소를 걱정하게 합니다. – 인문학 『더불어 숲』

『은혜 갚은 까치』

옛날, 옛날, 아주 먼 옛날에, 과거를 치르러 가던 선비가 황구렁이에게 잡아먹힐 뻔한 새끼 까치의 목숨을 구해 주었습니다. 그런데 그날 밤, 선비가 잠을 자다 가슴이 답답해 일어나 보니 구렁이 한 마리가 선비의 몸을 칭칭 감고 있었습니다. 구렁이는 자신이 선비가 죽인 황구렁이의 부인이었다며, 그 복수로 선비를 죽이겠다고 합니다. 선비가 살려 달라고 사정을 하자 구렁이는 동틀 녘까지 마을에 있는 종이 울린다면 살려 주겠다고 합니다. 아무도 없는 캄캄한 밤이니 그것은 불가능한 일이었지요. 그런데 동틀 녘, 기적처럼 종소리가 울리고 구렁이는 분한 눈물을 삼키며 사라집니다. 아침에 종각으로 가 보니 그 밑에는 종에 머리를 박고 죽은 까치 떼가 있었습니다.

전래 동화 『은혜 갚은 까치』의 이야기입니다. 우리는 이런 이야기를 많이 알고 있습니다. 『은혜 갚은 두꺼비』, 『은혜 갚은 호랑이』부터 우리가 잘 아는 『콩쥐팥쥐』, 『흥부놀부』, 『선녀와 나무꾼』까지 그 안에는 은혜를 갚는 이야기가 스며들어 있습니다. 잘 생각해 보면 전래 동화의 반은 주인공이 은혜 갚는 이야기고, 반은 원수 갚는 이야기인 것 같습니다.

외국의 동화도 마찬가지죠. 『신데렐라』와 『백설 공주』를 보면 주위 자잘한 생명들(쥐나 새 같은)이 모두 그녀를 도와주는데, 그건 평소에 그녀들이 그 생명들을 아끼고 보호했기 때문입니다. 전래 동화 중 소원을 들어주는 이야기의 배경에는 거의 '은혜'라는 키워드가 있습니다. 온 우주가 그들을 도와주는 데는 다 그럴 만한 선善의 인과응보가 있었다는 말입니다.

그런데 은혜 갚는 이야기의 주인공이 그렇게 행복해 보이지 않습니다. 일단 이야기의 주인공이라는 점 자체가 그렇습니다. 모두가 알고 있듯이, 원래 이야기는 주인공이 문제적 상황에서 갈등을 해결하는 과정을 담습니다. 따라서 주인공은 필연코 죽을 둥 살 둥 고생하게 되어 있습니다. 『신데렐라』나 『백설 공주』도 그녀들이 결혼하기 전까지의 역경을 다루죠. 결혼 후의 길고 긴 인생은 '영원히 행복하게 살았습니다'라는 한마디로 마무리하고요. 사실 행복이란 아무 사건도 없는 평범하고 심심한 삶입니다. 그러니 행복을 이야기로 만들기는 힘들죠. 만약 그녀들이 왕자와 싸우고 이

혼했다면 이야기는 좀 더 길어졌을지 모릅니다. 그러니까 은혜를 갚는 주인공은 그들의 선행에도 불구하고 온갖 불행 혹은 고난 속에 있습니다. 구렁이에게 몸을 결박당한 선비는 물론, 대박을 터뜨린 흥부도 그다지 행복한 상태가 아니었을 것입니다. 만일 착한 일을 한 대가로 나 대신 까치 떼가 죽어야 하고, 욕심 많은 형님의 들끓는 분노를 받아 내야만 한다면 마냥 행복하다고 말하기는 힘들 것 같습니다.

그러면 이야기 속에서 은혜를 갚는 모습은 어떻게 그려질까요? 수많은 이야기가 있지만, 은혜를 갚는 방식은 의외로 단순합니다. 생명을 구해 주거나 은혜를 베푼 이의 욕망을 충족시켜 주는 것입니다.

특히 생명을 구해 주는 이야기는 더욱 단순해서 곰곰이 생각해 보면 무섭기까지 합니다. 『은혜 갚은 까치』에서처럼 주인공이 베푼 은혜는 생명을 구한 은혜고, 그 갚음 또한 생명을 구해 주는 것입니다. 그리고 주인공의 생명을 구하기 위해 대부분 다른 존재의 생명이 희생당합니다. 전래 동화에서 거의 빗나가지 않는 은혜 갚는 방식입니다.

그에 비해 욕망을 충족시켜 주는 이야기는 복잡하지만 그렇게까지 비장하지 않습니다. 욕망이라는 말 대신 '소원 들어주기'라고 하면 더 많은 이야기가 떠오를까요? 전래 동화에서 대부분의 주인공이 도와주는 대상은 '미천한' 생명입니다. 그로부터 보상을 받겠다는 생각조차 할 수 없는 생명이 보답하겠다고 하는 그 자체가 이야깃거리고 기적 같은 상황입니다.

미천한 생명은 주인공에게 소원을 물어보기도 하지만, 대부분은 주인공의 내적 욕망을 '스스로 알아차려' 그것을 충족시켜 줄 만한 물질을 선물합니다. 흥부의 '대박'이나 나무꾼의 '선녀 옷' 같은 것이 대표적이죠. 하지만 이야기는 물질을 획득하는 것으로 끝나지 않습니다. 대부분은 이 물질 때문에 다른 이야기가, 그러니까 새로운 갈등과 골칫거리가 시작되지요. 흥부는 성격상 패가망신한 형님 놀부를 평생 책임지며 마음고생을 했을 것이고, 나무꾼은 아내와 아이들을 전부 잃는 가정 파탄을 경험합니다. 아주 단순한 도식으로 '은혜 갚음=행복'이어야 할 것 같은데, 그렇게 끝나는 이야기는 거의 없습니다. 오히려 누군가 은혜를 갚겠다고 나선 순간부터 주인공의 고생이 시작됩니다.

'은혜 갚음=행복'이라는 사람들의 선입견을 뒤집어 재미를 선사한 작품 중에 오카다 준°의 「은혜 갚은 메기」를 소개하고 싶습니다. 이 이야기야말로 '은혜 갚음≠행복'이라는 것을 알려 준 유쾌한 이야기죠. 「은혜 갚은 메기」는 『비를 피할 때는 미끄럼틀 아래서』에 들어 있는 이야기의 한 조각입니다. 부유하지는 않지만 그렇다고 가난하지도 않은 한 아파트 단지 아이들이 미끄럼틀 아

● 오카다 준(岡田淳, 1947~)은 일본의 대표 동화 작가로, 동물과 시간을 다룬 판타지 세계를 많이 그렸다.

래서 비를 피하며 '아마모리'라는 수수께끼 아저씨와 관련된 이야기를 하나씩 펼칩니다. 초등학교 2학년생부터 중학교 1학년생까지 아이들이 저마다 조금은 신기한 이야기를 하는데, 아무도 '말도 안 된다'거나 '유치하다'고 말하지 않습니다. 「은혜 갚은 메기」는 그중에서 가장 어린 초등학교 2학년생인 소노미가 겪은 이야기입니다.

> 비가 꼭 폭포처럼 창문에 쏟아졌어. 한 30분쯤 쏟아졌나. 그러다 거짓말처럼 비가 딱 그쳤어. 기다렸다는 듯이, 옆집에 사는 아마모리 씨가 문을 열고 목만 쓱 내밀더니 이래.
> "공원 연못은 어떻게 되었을까?"

소노미는 이 말을 듣고 공원 연못으로 향했고, 그곳에서 연못 바깥으로 나와 있는 커다란 메기를 발견합니다. 메기를 다시 연못에 넣어 주고 돌아서는데, 메기가 물 위로 떠올라 말합니다.

> "당신, 내 생명의 은인."

생명의 은인이니 당연히 은혜를 갚겠다고 말하는 메기. 소노미는 뭐든 들어줄 수 있느냐고 물어 봅니다. 전래 동화 속 메기라면 "뭐든지!" 하며 호기롭게 말하련만 소노미의 메기는 다릅니다. 메기의 능력은 지진 일으키기뿐입니다. 지진을 무서워하는 소노미가 질겁하자, 메기는 아파트에서 사는 사람들을 친하게 만들 수 있다며 자신의 능력을 어필합니다. 지진 걱정을 하다 보면 이야깃거리가 끊이지 않을 것이라고 말이죠.

아무리 어려도 이 엉터리 같은 메기의 말에 넘어갈 소노미가 아닙니다. 소노미는 메기를 말려야 한다는 마음으로 아무 소원이나 생각해 냅니다. 메기와 친구가 되고 싶다고요. 그러니까 소노미가 성가신 친구를 하나 얻은 덕분에 동네에 지진이 일어나지 않게 되었다는 이야기입니다.

소노미 이야기는 유쾌하고 재미있지만, 전래 동화 속 은혜 갚는 이야기는 꽤 심각한 경우도 많습니다. 좋아야 할 이야기가 왜 이렇게 슬프고 힘들기만 할까요? 저는 그것이 사람 자체의 한계 때문이라고 생각합니다. 우리는 대부분 자기중심적이라서 상대에게 잘해 주고 싶을 때조차 자기 기준을 벗어나지 못합니다. 사랑하는 사람에게 좋은 것을 해 주었다가 시큰둥한 반응에 상처받은 경험이 한번쯤은 있을 것입니다. 내가 좋아하는 음식을 몇 번이나 권하고, 놓치면 후회할 거라며 영화표를 선물한 경험. 그 좋음의 기준이 어디까지나 자신에게 있었다는 것을 우리는 잊을 때가 많습니다.

기소불욕 물시어인 己所不欲 勿施於人

자기가 바라지 않는 바를 남에게 해 주지 말라.

공자 말씀이죠. 처음 이 문장을 접했을 때는 너무 부정적이라는 생각을 했더랬습니다. 내가 원하는 것을 남에게 해 주라는 말이 더 좋지 않았을까 싶기도 했고요. 하지만 상대의 강권에 곤란했던 경험, 내가 좋아하는 것을 열정적으로 권하다가 되레 상처받은 경험을 고루 거치면서 비로소 공자님 말씀을 이해할 수 있게 되었습니다. 자기중심적인 인간의 속성을 이해한 후에야 그 어법의 특별함을 깨달은 것이죠. 왜 그토록 많은 전래 동화의 '은혜 갚는' 이야기가 고생 가득한 모험이었는지도요.

내가 원하는 것을 상대도 100% 원한다고 확신할 수 있는 경우가 있기는 할까요? 양보하고 양보해서 생명을 구해 주는 일이라면 상대방도 100% 좋아한다고 할 수 있을지 모릅니다. 하지만 그것 외에 내가 좋아하는 것과 상대가 좋아하는 것이 일치하는 경우는 거의 없습니다. 그래서 생명을 구해 주는 일 외의 은혜 갚음에는 무언가 어려운 일이 생길 수밖에 없는지 모릅니다. 어쩌면 생명을 구해 주는 정도가 아니면 '은혜'라고 생각하지 말아야 하는 것인지도 모릅니다. 사실 생명을 구하는 이야기에서도 그 대가로 다른 생명을 바치는 경우가 많으니, 완벽한 해피엔딩이라고 말하기도 그렇지요. 그래서 일대일로 은혜를 갚는 이야기의 대부분이 골치 아프고 비장한 지도 모릅니다.

이야기는 그렇다 치고, 이런 결론이 나면 참 곤란한 의문이 뒤따릅니다. 은혜를 갚는 일이 좋은 결과를 만들지 않는다면 착한 일을 할 필요가 있을까요? 이러한 의문이 뭉게구름처럼 피어오를 때, 또 하나의 옛날이야기가 떠올랐습니다.

옛날에, 그리 멀지 않은 예전에, 제가 살던 가난한 동네에는 호떡 장수 아주머니가 계셨습니다. 햇빛을 가릴 천막 하나 없이, 남의 집 담벼락 아래에 연탄 화덕 하나를 두고 그 위에서 호떡을 지져 파시던 아주머니였는데, 어머니는 항상 그곳에서 호떡을 사 오라고 심부름을 시키곤 했습니다. 아주머니는 호떡을 사러 오는 손님이 없는데도 쉴 새 없이 호떡을 만들었습니다. 팔리지는 않아도 먹을 사람은 많았거든요. 아주머니는 길거리를 지나가는 나이 어린 군인부터 넝마주이 아저씨, 거지, 침만 꼴딱거리며 주위를 맴도는 어린아이까지 그냥 지나치는 법 없이 손에 호떡을 쥐어 주었습니다. 호떡 반죽은 없어지는데 돈 통은 채워지지 않는 이상한 장사를 아주머니는 계속했습니다. 어느 날 이웃 아주머니가 호떡 아주머니에게 "웬만히 퍼 주라"고 핀잔을 주었습니다. 저도 이웃 아주머니와 같은 마음이었습니다. 어린 마음에 비 그을 곳도 없이 쪼그려 앉은 아주머니의 처지가 속상했던 것 같습니다. 그러자 호떡 아주머니가 이상한 말을 했습니다.

"배고파 하는 사람들을 보면 내 자식이 생각나서 그래. 내 자식도 밖에서 배를 곯고 있는 게 아닐까 해서. 내가 이렇게 퍼 주면 내

자식도 누군가에게 얻어먹겠지."

아주머니의 호떡 맛도 심지어 아주머니의 얼굴도 기억나지 않는데, 그 말만은 아주 또렷이 기억에 남습니다. 논리적으로 전혀 맞는 말이 아니어서, 이상하다고 생각했던 모양입니다. 하지만 어른이 되면서 세상이 생각보다 좁다는 것을 알면서 그 아주머니의 말씀은 현명한 은혜 갚음에 대한 답이 되었습니다. 은혜는 1:1로 교환하는 것이 아니며, 나의 선한 행동이 결국 돌고 돌아 나에게 돌아온다는 믿음. 그 믿음이 아주 오래전부터 존재했다는 것도 알게 되었습니다.

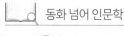 동화 넘어 인문학

신영복의 『더불어 숲』

역지사지易地思之, 남의 입장에서 생각하라는 이 사자성어를 들을 때마다, 작은 나라에서 태어난 복에 대해 생각해 봅니다. 역지사지하는 이유는 상대를 이해하고 관용하기 위한 것인데, 제 생각에 인간은 자기중심적인 존재라서 약자의 처지에 서 봐야만 상대를 향한 상상력이 열리는 것 같습니다. 만일 모든 것이 자랑스럽고 거리낄 것 없는 신분으로 이 세상에 태어났다면, 가령 현대 유럽이나 미국에서 백인 중산층 기독교 이성애자 남자로 태어났다면 역지사지란 결코 쉬운 일이 아니었을 것입니다. 도도한 사상을 펼치면서도 아프리카나 아시아의 인류를 비하하거나 애초에 안중에도 없는 유럽 지식인의 책을 읽으며 가슴 한쪽이 따끔거리는 것은 분명히 제가 아시아인에 속하기 때문이겠죠. 물론 약자의 처지라고 해서 모두가 관용이나 이해의 폭이 넓은 것만은 아닙니다. 그런 마음은 결국 생각을 열어 주는 독서를 통해 깨우치게 되는 것이라고 생각합니다.

나는 로마 유적을 돌아보면서 내내 착잡한 마음을 금할 수 없었습니다. 위용을 자랑하는 곳곳의 개선문은 어디엔가 만들어 놓은 초토焦土를 보여 줍니다. 개선장군은 모름지기 상례喪禮로 맞이해야 한다는 『노자老子』의 한 구절이 생각납니다. 역대 수많은 장군들이 승전보를 들고 말을 달려 들어오던 신성한 길Via Sacra, 전승戰勝에 은총을 내리던 신전, 어느 것 하나 마음을 무겁게 하지 않는 것이 없었습니다.

더욱 마음 어둡게 하는 것은 수많은 관광객의 줄을 이은 찬탄입니다. 로마의 유적에 대한 찬탄이 새삼 마음을 어둡게 하는 까닭은 그것은 곧 제국에 대한 예찬과 동경을 재생산해 내는 장치가 되기 때문입니다. 유네스코가 지정한 인류 문화유산 가운데 40%가 로마에 있다는 사실은 세계사의 현주소를 걱정하게 합니다.

제가 '노자'에 관심을 갖게 된 것은 신영복 선생의 『더불어 숲』을 읽은 다음입니다. 이 책은 신영복 선생이 일간지 「중앙일보」에 실은 여행기를 묶은 것인데, 지리적 여행기라기보다 신영복이라는 사람을 조금씩 느끼고 지나가는 사상의 여행기에 가깝습니다. 사실 신영복 선생의 삶을 조금이라도 아는 사람에게는 '더불어 숲'이라는 제목부터가 전혀 다른 경지처럼 느껴지지요. 신영복 선생은 대학교를 졸업하고 몇 해 후인 1968년에 통일혁명당간첩사건에 연루되어 20년 20일 동안을 감옥에서 보냈습니다. 생애 가장 아름다운 시간을 억울한 옥살이로 보내셨음에도 세상에 대한 원망보다 변함없는 인간과 세계에 대한 애정 가득한 사상을 펼친 신영복 선생에게 이 여행은 첫 해외여행이기도 했습니다. 감옥에서 자신의 사상을 벼린 선생답게 이 여행기는 선생만의 시선으로 가득하지요.

특히 저는 개선장군을 상갓집의 예로 맞으라는 구절을 두 번이나 읽어야 했습니다. 제 상식과는 다른 의견이었기 때문이죠. 마찬가지로 세계의 문화유산이라 믿어 의심치 않았던 로마 유적에 대한 신영복 선생의 말씀도 상식과 다른 지적이었습니다. 하지만 수긍하기가 어려웠던 것은 아닙니다. 침략 받은 역사가 유난히 많은 나라에 태어났으니, 당연한 일이겠죠. 우리가 흔히 찬란하다고 말하는 로마가 만일 우리 땅을 침탈했다면 그래도 우리는 로마를 동경할 수 있을까요? 칭기즈 칸의 몽골 제국은 몽골인에게는 자랑스러운 역사겠지만, 우리에게는 치욕과 아픔일 뿐입니다. 개선장군과 정복의 역사만이 자랑스럽다고 생각한다면, 일제강점기를 자랑스러워할 일본인에게 우리는 무슨 말을 할 수 있을까요? 신영복 선생의 말씀처럼 누군가 개선문을 자랑스럽게 지날 때, 그 뒤에는 산더미처럼 쌓인 시체를 불태운 땅이 있기 마련입니다. 누군가의 영웅이 누군가에게는 악마가 되는 것이죠. 복수를 위한 전쟁이라 할지라도 이 사실은 변하지 않는다고 생각합니다. 전쟁은 매우 극단적인 예지만 세상의 모든 일이 이렇듯 양면적입니다. 무언가 선명한 것이 없고 복잡해 보이는 세상사는 참으로 어렵기만 합니다. 수많은 경우의 수로 엮인 관계가 바로 세상사이니, 어려운 것은 당연한 것인지도 모르겠습니다.

> 인다라의 하늘에는 구슬로 된 그물이 걸려 있는데 구슬 하나하나는 다른 구슬 모두를 비추고 있어 어떤 구슬 하나라도 소리를 내면 그물에 달린 다른 구슬 모두에 그 울림이 연달아 퍼진다 한다.

박노해 시인은 옥중 사색을 모은 책 『사람만이 희망이다』에서 『화엄경』의 한 구절을 아름답게 소개하고 있습니다. 넓디넓은 하늘이 구슬 달린 그물로 빽빽하다는 은유, 단 하나의 미세한 흔들림에도 영향을 받지 않는 구슬이 없다는 이 말이야말로 인간 세상에서 관계의 절대성을 드러내는 표현이 아닐까요? 이 구절은 그 자체로도 아름답지만, 그 의미 또한 곱씹을수록 아름답습니다. 하나하나 연결되어 있는 세상, 사소하고 하찮아 보이는 것, 나와는 상관없을 것만 같은 모든 일들이 결국은 자신에게까지 연결되어 있다는 가르침을 줍니다. 하지만 우리는 4차원의 존재가 아니기에 전체를 내려다 볼 수는 없습니다. 우리 주위의 구슬밖에는 알 수 없지요.

어쩌면 오늘 하루 무사히 보낸 우리는 관계의 복에 감사하는 것 외에는 할 수 있는 일이 없을지 모릅니다. 『화엄경』의 구절에 의하면 우리와 연결된 수많은 구슬이 나쁜 쪽으로 진동하지 않았기에 지금 이 순간 무사한 것일 테니까요. 그러니 지금 이 순간도 누군가의 은혜겠죠. 그리고 이 은혜는 또다른 어떤 순간에 갚게 될 것입니다. 아무도 다치지 않는 은혜 갚음의 시간들로 우리의 일상이 평화로운지도요.

5. 이렇게 살아도 되는 건가 싶을 때

레프 톨스토이의 『사람은 무엇으로 사는가』 ― 피터 왓슨의 『무신론자의 시대』

'다시 가서 여자의 영혼을 데려오도록 하라. 그러면 세 가지 중요한 것을 깨닫게
될 것이다. 즉, 사람에게 깃들어 있는 것이 무엇이고, 사람에게 허락되어 있지 않
은 것은 무엇이며, 사람은 무엇으로 사는가 하는 것이다.'

― 동화 『사람은 무엇으로 사는가』

버거는 사람들이 그리워하는 것이 초월의 부재라고 말하지만, 세계 가치 조사는 오
히려 빵과 물, 적당한 의약품과 일자리를 그렇게 여기며, 바로 그런 것들이 사람들
을 종교로 이끈다는 사실을 보여 준다. — 인문학 『무신론자의 시대』

레프 톨스토이의 『사람은 무엇으로 사는가』

"여보, 잠들었어요?"

"아니."

"우린 곧잘 남을 돕는데, 왜 우릴 돌봐 주는 사람은 없을까요?"

세미욘은 아내의 물음에 뭐라고 대답해야 좋을지 몰랐습니다.

"쓸 데 없는 생각일랑 그만하고, 어서 잡시다."

어린 시절, 톨스토이는 제게 아주 가까운 사람이었습니다. 책 장이 너덜거릴 정도로 읽은 동화책 가운데 『톨스토이 동화』가 있 었기 때문이죠. 처음에는 톨스토이가 사람 이름인지도 몰랐습니 다. 어린 시절에는 작가보다 재미있는 이야기에만 관심이 있으니 까요. 그러다가 이야기가 현실이 아닌 책 속에서 일어난 일이라는 것을 알아챈 순간에야 이 놀라운 이야기를 쓴 사람의 존재를 깨닫는 거죠.

아쉽게도 어린 시절에는 톨스토이에 대해 열심히 알아보지 않았습니다. 『신데렐라』, 『알리바바와 40인의 도둑』보다 이야기의 매력이 덜했거든요. 거듭 읽을수록 읽는 맛은 났지만 어른이 되기 전까지는 가슴 저 밑바닥까지 울림이 오지 않은 작품이 있었습니다. 바로 『사람은 무엇으로 사는가』입니다. 책 제목이 참 강렬하죠? 어찌 보면 야심찬 제목이기도 하고요. 나와 세계를 인식한 모든 인간이 한번쯤 궁금해 하는 것을 보란듯이 제목으로 삼다니……. 톨스토이가 아니라면 누가 이런 제목을 붙일 수 있을지 궁금합니다.

어린이가 세상에 대한 호기심이 많다는 것은 반대로 그만큼 모르는 것이 많다는 이야기입니다. 그러니 어린이만큼 사람 그 자체, 세계 그 자체에 빠져드는 존재도 드물 것입니다. 하지만 그 호기심을 끝까지 놓지 않는 사람은 거의 없죠. 그렇기에 우리는 이 제목에 답하지 못하는 것인지도 모르겠습니다. 대문호 레프 톨스토이˙는 그 드문 존재들 중 한 명이었고, 그 대답을 얻으려고 지독하게 도전했던 사람이라 생각합니다.

● 레프 니콜라예비치 톨스토이(Lev Nikolaevich Tolstoy, 1828~1910)는 제정 러시아의 작가·사상가로, 귀족 출신이었으나 유한(有閑) 사회의 생활을 부정하였으며, 구도적(求道的) 내면 세계를 보여 주었다.

늙은 제화공 세미욘은 술이라면 마다하지 않는 애주가입니다. 술 좋아하는 사람 중에 나쁜 사람 없다는 말이 있던가요? 하지만 애주가의 부인에겐 이런 말은 하지 않는 것이 좋습니다. 세상 모든 사람에게 좋은 사람이면 뭐하나요? 집에 있는 부인에겐 세상에서 가장 나쁜 사람인데요. 그러나 저도 처음 이 동화를 읽었을 때는 세미욘의 아내 마트리오나를 나쁜 여자라고 생각했습니다. 동정심 많고 약한 사람 외면하지 못하는 세미욘에게 바가지를 어찌나 심하게 긁던지요. 그렇다고 세미욘 편만 들 수도 없었습니다. 먹을 것이라곤 내일 먹을 빵 반죽 한 덩이밖에 없는 형편에서 악전고투하며 살림을 유지했을 사람은 바로 아내, 마트리오나였을 테니까요.

하지만 세미욘도 그날만큼은 술을 마시지 않으려고 했습니다. 아니, 취할 만큼 마실 생각은 없었죠. 그런데 마시지 않을 수 없었습니다. 세미욘이 마을에 내려간 것은 털가죽 때문이었습니다. 털외투 하나를 장만하려고 세미욘 네는 2년간 아끼고 아꼈죠. 그렇게 모은 돈이 장롱 속에 3루블, 마을 사람들에게 외상값까지 받아 합치면 괜찮은 털가죽을 살 수 있을 터였습니다. 사실 평소의 아내라면 주정뱅이 세미욘에게 덥석 3루블을 들려 보내지 않았을 것입니다. 하지만 러시아에서 털외투는 생필품입니다. 아무리 주정뱅이라도 두 사람의 목숨이 달려 있는 돈으로 술을 마시지는 않을 것이라는 믿음이 아내에게 있었던 것이죠. 그런데 마을 사람들은 세미욘의 마음 같지 않았습니다. 구두를 고쳐 달라고 할 때는 잘도 외상을 하더니, 돈을 갚으라는 말에는 이 핑계 저 핑계 대기 바쁩니다. 핑계를 대는 사람들 앞에서 호통을 칠 성격도 못되는 세미욘은 그저 무춤거리며 돌아설 뿐이죠. 주변머리 없는 세미욘이 종일 얼굴 화끈거리며 받은 돈은 겨우 20코페이카. 속상한 그는 술집에 가서 20코페이카어치의 보드카를 단숨에 들이킵니다. 독한 술을 한 잔 마시니 세미욘의 기분이 좋아집니다.

"외투가 없어도 추운 줄 모르겠다. 술 한 잔이면 되는데 털외투가 왜 필요해? 이렇게 가슴을 펴고 걸어갈 수 있으니 털외투 없이도 평생 살겠는데……. 하지만 마누라는 투덜댈 거야. 어쨌든 농부 녀석들이 괘씸하군. 나는 애써 일을 해주었는데, 사람을 업신여겨? 에이, 나쁜 사람들! 다음에도 돈을 주지 않는다면 모자라도 빼앗아 올 테다. 암, 빼앗아 오고 말고! 20코페이카만 주다니……. 도대체 그것으로 뭘 하란 말이야? 술 한 잔 값밖에 안 되는 걸 가지고 말이야. 그래, 모두 살기가 어렵다고 하지. 그럼 난 너희들보다 부자란 말이냐? 너희들에겐 집도 있고 논밭이며 가축도 있지만, 내겐 아무 것도 없단 말이다. 너희들은 집에 밀가루를 쌓아 두고 먹지만, 난 사 먹어야 해. 그렇다고 내게 돈이라도 많은 줄 아느냐? 너희들이 동냥 주듯이 주는 구두 수선비로 겨우 사는 거라네. 너희들은 모두 나보다 나은

셈이니 너희들이 내 돈을 주는 게 옳지. 자, 다음엔 꼭 돈을 줘
야 돼!"

세미욘의 술주정은 낯설지 않습니다. 오늘 밤에도 길에서 들을
수 있을 것 같은 말, 어릴 적 부모에게 들은 것도 같고 어느새인가
자신이 중얼거리고 있는지도 모르죠. 맨 정신으로는 차마 쏟아 내
지 못하고, 술의 힘을 빌려야만 혼잣말로 겨우 털어 내는 것이 흔
히 사람 좋다는 소리를 듣는 이들의 공통점입니다.

러시아의 겨울밤, 몸도 마음도 추운 세미욘은 얼큰해진 상태로
비틀거리며 집으로 향합니다. 가난한 사람들은 늘 외곽에 살기 마
련이라, 돌아가는 길은 그렇게나 서럽고 멀기만 하죠. 세미욘도
꽤 걸어가야 합니다. 인적도 없는 겨울밤, 교회 옆을 지나가려니
까 세미욘의 눈에 이상한 물체가 보입니다. 생김새는 사람 같은
데 너무 하얀 형체. 가까이 가 보니 벌거벗은 사나이입니다. 세미
욘은 강도에게 당한 것이라 생각합니다. 괜히 건드렸다가 낭패를
볼 수도 있겠다는 생각에 그 곁을 그냥 지나쳐 버립니다. 마음이
불편하지만 모퉁이만 돌면 안 보일 테니 괜찮을 것이라고, 아무
도 자신을 보지 못했으니 상관없을 것이라고 생각하며 걸음을 재
촉합니다. 하지만 양심이 세미욘을 꾸짖습니다. 한 벌뿐인 외투를
줄 수 없지 않느냐고, 저 수상한 사내가 자신을 해코지하면 어찌
하느냐고, 어쨌든 귀찮은 일이 생길 거라고 계속 변명거리를 떠올

리는데, 한 생명이 죽어 가고 있다는 엄정한 현실을 세미욘은 모른 체 할 수 없습니다.

'한 사나이가 가엾게도 변을 당하여 죽어 가고 있는데, 너는 겁을 집어먹고 그냥 가 버리려고 하다니……. 네겐 인정도, 눈물도 없단 말이냐? 넌 갑자기 큰 부자라도 됐단 말이냐? 네가 가진 것을 빼앗길까 봐 그렇게 겁을 내느냐? 이봐, 세미욘, 그러면 못써. 네가 가진 것을 좀 나눠 줘라. 그것이 사람으로서 해야 할 도리다. 자, 어서 돌아서라.'

러시아보다 더 따뜻한 땅에서 사는 저도 외투가 몇 벌인데, 고작 한 벌의 외투로 겨울을 나는 세미욘이 자신을 가진 자라고 정의합니다. 벌거벗은 젊은이보다 부자라고 말이죠. 일단 그렇게 정의를 내리니 나눌 것이 있습니다. 세미욘은 낡은 외투를 벗어, 벌거벗은 젊은이의 얼어붙은 몸을 감싼 뒤 집으로 데려갑니다.

아내 마트리오나는 화가 머리끝까지 났습니다. 코가 붉어진 세미욘이 새 외투는 장만하지도 못한 채 웬 거지를 집으로 데리고 왔으니까요. 세미욘에게 한바탕 퍼붓고 나서도 분이 풀리지 않은 아내는 외투를 돌려 달라고 합니다. 젊은이가 입은 외투는 사실 부부가 번갈아 입던 단 한 벌뿐인 겨울 외투였던 것입니다. 그렇게 화를 내던 마트리오나는 얼핏 젊은이에게 눈길이 갑니다. 추운 곳에 오래 있었다는 말도 걸리고, 죽다 살아났을 사람이 배는 고프지 않은지 걱정도 됩니다. 마트리오나는 세미욘과 젊은이에게 내일 먹을 단 한 덩이의 빵을 구워 대접합니다. 말 한마디 없는 젊은이를 보니 마트리오나는 어쩐지 불쌍한 생각이 들어 이것저것 물어봅니다. 젊은이는 집에 온 후 처음으로 미소를 짓는데, 그 미소가 이 세상의 것이 아닌 듯 환합니다.

비밀에 쌓인 젊은이는 그날부터 세미욘 네에서 살아갑니다. 부부는 젊은이를 '미하일'이라 부르고, 구두 만드는 법을 가르쳐줍니다. 곧 미하일의 솜씨가 소문이 나면서, 세미욘 네의 살림 형편도 점점 나아집니다.

그렇게 몇 년이 지난 어느 날, 미하일은 부부 앞에 자신의 신분을 드러냅니다. 그는 하느님의 천사였습니다. 깜짝 놀라 엎드린 세미욘 부부에게 미하일은 자신이 세상에 버려진 이유와 다시 돌아가게 된 까닭을 말해 줍니다.

그는 죽은 사람의 영혼을 하늘로 인도하는 일을 했는데, 어느 날 몹시도 가난한 여인의 영혼을 거두게 되었습니다. 가난한 여인은 방금 쌍둥이를 낳은 참이었습니다. 바로 사흘 전 남편의 장사를 치렀고, 쌍둥이는 어머니의 젖을 먹지 못해 울고 있었습니다. 여인은 천사 미하일에게 아이를 키울 동안만 살게 해 달라고 애원했고, 미하일은 차마 여인의 생명을 거둘 수 없어 빈손으로 하늘로 올라갑니다.

'다시 가서 여자의 영혼을 데려오도록 하라. 그러면 세 가지 중 요한 것을 깨닫게 될 것이다. 즉, 사람에게 깃들어 있는 것이 무 엇이고, 사람에게 허락되어 있지 않은 것은 무엇이며, 사람은 무엇으로 사는가 하는 것이다.'

하늘의 명을 어긴 죄로 미하일은 벌거벗긴 채 세상으로 추락합 니다. 처음으로 추위를 느낀 미하일이 두려워하고 있을 때 그를 거둔 사람이 바로 세미욘이었습니다. 미하일은 세미욘 부부와 함 께 살며 하느님이 말씀하신 세 가지 깨달음을 얻어야 했습니다.

미하일은 세미욘의 집에 온 첫날 첫 번째 깨달음을 얻습니다. 화를 내던 마트리오나의 마음에 동정심이 생겨난 순간, 미하일은 사람에 깃들어 있는 것이 사랑이라는 것을 알게 되죠. 두 번째 깨 달음은 한 거인 신사가 구두를 주문할 때 알게 됩니다. 신사는 1년 간 신어도 튼튼한 구두를 만들라고 요구하지만, 미하일은 해가 저 물기 전에 신사가 죽을 것을 알았죠. 이로써 인간에게는 허락되지 않은 앎이 있다는 것을 알게 됩니다.

이제, 마지막 깨달음만 얻으면 미하일의 벌은 끝납니다. 그것 이 언제일까 궁금해 하던 어느 날, 세미욘네 구두방으로 한 여인 이 쌍둥이 여자 아이들을 데리고 옵니다. 쌍둥이를 본 순간, 미하 일의 얼굴에 빛이 나기 시작합니다. 쌍둥이는 6년 전 자신이 동정 심으로 데려가지 못했던 가난한 여인의 딸들이었습니다. 갓 낳은 아이들을 두고 가야 하는 여인과 어미를 잃고 살아갈 아이들에 대한 걱정 때문에 하느님의 말을 어겼던 미하일. 하지만 그 아이들은 다른 어머니의 사랑으로 건강하고 행복하게 자랄 수 있었습니다. 미하일은 하느님이 말씀하신 모든 깨달음을 얻고 다시 천사의 모습으로 돌아갑니다.

가난한 여인의 죽음과 쌍둥이의 인생은 어린 시절에도 하나의 섭리로 이해할 수밖에 없는 신기한 이야기였습니다. 하지만 동화는 동화, 인생은 인생이죠. 아무리 설명한다 해도 진심이 아니면 머리에 남지 않고, 겪지 않으면 가슴에 담기지 않습니다. 그래서일까요? 세 가지 가르침 중, 사람에게 깃들어 있는 것이 사랑이라는 말이 가장 가슴에 와 닿았습니다. 어린이야말로 사랑 없이는 단 한 순간도 살아갈 수 없는 존재니까요.

하지만 나머지 두 가지 가르침에 대해서는 완벽하게 받아들였다고 말하기 힘든 것이 사실입니다. 사실 인간의 지知라는 것은 종교에서 허락하지 않은 것들에 대한 투쟁이 아닌가요? 그 앎에 대해서는 모든 인간과 마찬가지로 저 역시 투쟁 중이라서 순순히 받아들이지 못한 것 같습니다. 섭리라는 것 또한 비슷하죠. 운명이라며 한 발짝 물러서는 사람도 많지만, 물러서지 않는 태도 또한 바로 인간의 운명이라는 생각이 드네요.

사람은 무엇으로 사는가. 제가 감히 톨스토이의 답을 짐작하자면, 그는 연민과 사랑, 그리고 하느님의 심오한 뜻에 따라 사는 것이라고 말해 주고 싶었던 것 같습니다. 하지만 이 심오한 질문이야말로 자기 깜냥만큼, 인생의 깊이만큼 답할 수 있는 것이겠죠.

러시아의 겨울밤처럼 춥고, 세미욘처럼 가난하고, 마트리오나처럼 속상하고, 사람이 된 미하일처럼 앞날이 캄캄할 때, 가끔은 이렇게도 생각해 봅니다. 인생은 어쩌면 '사람은 무엇으로 어떻게 사는지 알아보라'고 신이 주신 숙제라고 말이죠.

동화 넘어 인문학

피터 왓슨의 『무신론자의 시대』

고백하자면 어릴 때부터 저는 미하일의 미소를 이해할 수 없었습니다. 톨스토이가 안내해 준 미하일의 모험은 참 재미있었지만, 미하일의 깨달음을 온전히 이해할 수 없었습니다. 사랑, 온정, 연민 등은 알겠는데, '하느님의 뜻'이라는 지점에 이르면 이해의 한계에 부딪치기만 했던 것입니다. 뭔가 부끄러웠습니다. 그래서 『사람은 무엇으로 사는가』라는 톨스토이의 책은 제목 그대로 제 마음속 화두로 오래 남아 있었습니다.

"별이 총총한 하늘이 갈 수 있고 또 가야만 하는 길들의 지도인 시대, 별빛이 그 길들을 환히 밝혀 주는 시대는 복되도다."

어른이 되어 미하일을 다시 생각할 때마다, 이상하게도 게오르크 루카치*의 『소설의 이론』이 생각났습니다. 저 유명한 첫 문장과 함께 말이죠. 루카치의 소설론은 다 잊어 버렸지만, 그 한탄(체념?)만은 깊은 공감으로 남아 있습니다. 톨스토이가 살던 시대의 하늘에 별이 빛났다고 생각하지 않지만, 그의 넓은 영지에는 아마도 별이 반짝거렸을지 모릅니다. 하지만 "신은 죽었다!"고 선언한 니체 이후, 잔인한 인간의 역사를 살아 낸 현재의 인간으로서 순도 100%의 기쁨과 순응으로 신을 믿을 수 있는 이가 몇이나 될지 생각해 봅니다.

미국에서는 교회에 다니는 사람들이 가장 행복하지만, 세계적으로는 실존적으로 불안정한, 따라서 행복할 가능성이 극도로 낮은 사람들이 교회를 가장 많이 찾는다. 미국에서 종교는 낮은 범죄율과 연관되지만 세계적으로는 더 높은 범죄율과 연관된다. (…) 피터 버거는 우리가 어느 때보다 극렬하게 종교적이라고 말하지만, 페이스북 회원들은 우리가 영적으로 후퇴기에

● 게오르크 루카치(György Lukács, 1885~1971)는 헝가리의 철학자이자 문학사가로, 마르크스주의의 관점에서 문학사, 사상사, 미학을 연구하였다.

접어들었다고 생각한다. 버거는 사람들이 그리워하는 것이 초월의 부재라고 말하지만, 세계 가치 조사는 오히려 빵과 물, 적당한 의약품과 일자리를 그렇게 여기며, 바로 그런 것들이 사람들을 종교로 이끈다는 사실을 보여 준다.

니체 이후, 신이 사라진 시대의 철학을 통시적으로 정리한 피터 왓슨* 은 『차라투스트라는 이렇게 말했다』가 출간되기 직전에 이미 신의 존재가 폐기되기 시작했다고 말합니다. 특히 1800년부터 1900년 사이의 유럽 회의론자들이 종교가 이미 끝났다는 전제하에 새로운 낙관론을 펼쳤다고 말합니다. "종교에 쏠렸던 돈과 에너지가 식량과 의복, 의약품, 아이디어를 만드는 데 들어갈 테니 세계가 더 나아질 거라고", "그 어느 때보다 멀리 보게 될 거라고 생각했다"고 합니다. 사람은 무엇으로 사는가에 대하여 인간은 더 이상 신에게 발언권을 주지 않기로 한 것입니다. 그 오랜 세월 진정한 답을 주지 않은 신 대신에 인간들은 스스로의 힘으로 그 답을 개척해 내기로 한 것이죠.

하지만 불과 1세기 후 신이 없어진 세상의 인간 대부분은 여전히 불평등하고, 생명에 위협을 느낄 만큼 가난합니다. 그리고 이들 중 상당수가 정신적으로는 평등을 확신시켜 주고 물질적으로는 일용

● 피터 왓슨(Peter Watson, 1943~)은 영국의 언론인이자 지성사가, 문화사가다.

할 양식을 제공하는 종교에 기대고 있습니다. 하지만 그들이라고 해서 중세 인간들이 가졌던 신앙을 갖고 있다고 말하기는 힘들 것입니다. 우리는 산에서 내려온 차라투스트라를 만난 인간이니까요.

> 하이데거와 그를 따른 코제브 등이 말했듯이, 우리는 세계로부터 물러날 수 없다. 인간과 상호작용을 하기 이전부터 존재하는 '자연'은 없고, 인간은 어떤 식으로도 세계의 '바깥'에 있을 수 없다. 즉, 초월은 한마디로 가능하지 않으며 닿을 수 없는 것이다. 목적론도 없고 세계에 대한 방향성도 없다. (…) 사람은 자신의 주관성을 넘어설 수 없으므로 보편적으로 합의된 방향이라는 것은 이론으로도 존재할 수 없기 때문이다.
> 우리가 희망을 걸 수 있는 것이라고는 우리가 처한 조건으로부터 벗어나려는 노력뿐인데, (…) 우리는 한계 속에서 실망감을 안고 살아가야 하는 저주를 받은 운명이기 때문이다.

『무신론자의 시대』를 읽는 것은 참으로 흥미진진합니다. 우리는 이미 신으로부터 떨어져 나온 존재지만, 신을 의식하는 느낌(종교적 감성이라고 해야 할까요?)마저 사라진 것은 아니죠. 마치 낯선 곳에 첫 발을 뗀 어린아이처럼 우리는 무의식적으로 나보다 큰 존재의 지시를 기다리고, 그 존재의 칭찬을 기대하고, 그 존재가 이 세계를 망치는 나쁜 인간을 징벌해 주기를 기대합니다. 이성적으로야 어떻든 말이지요. 어떤 사람들은 더 극렬하게 이성을 부정하고 종교를 믿기 위해 외치지요. 불신을 쉽게 악마라 부정하고, 자신의 신만이 모든 것을 약속한다고, 심지어는 그것을 부정하는 인간은 생명을 빼앗아도 된다고 역설하기도 합니다. 하지만 우리 모두가 잘 알고 있듯이, 행복하던 시절의 종교는 한없이 부드럽고 유연하며 자애로웠습니다. 믿음을 강요하는 모습은 그 자체로 신의 죽음을 선언한 세계를 심하게 의식하고 있다는 반증이기도 하죠.

어쨌든 우리 대부분은 실존주의자의 인식에 많은 부분 공감합니다. 세계로부터 물러날 수 없는 인간, 즉 실존만이 삶의 전제 조건이 되어 버린 인간들이 어떤 방식으로 그 외로움을 견디는지는 각자의 몫이 되어 버렸습니다. 그 다양한 방법들을 알아보는 것도 『무신론자의 시대』를 읽는 위안이지요. 하지만 우리 인간이 신을 떠난 지 고작 1세기입니다. 그리스 신들은 얼마나 오랫동안 그리스 사람들과 직접 만나거나 신탁을 내렸습니까? 아담과 이브가 에덴을 떠난 뒤, 신은 얼마나 자주 그들에게 계시를 내렸습니까? 한 세기만에 심리적으로 성장하기를 기대하는 것은 무리가 아닐까, 낙관적으로 생각해 봅니다. 그리고 퇴행이 아니라 좀 더 어른스러운 자세를 생각해 보기도 합니다. 우리가 신을 떠난 이유는 신을 부정하기 위한 것만은 아닙니다. 우리는 사람이 무엇으로 사는지 스스로에 대한 답을 얻기 위해 온 존재의 능력을 쏟아 붓기 시작한 두려움 없는 인간의 첫 세대입니다.

6.

내게 사랑을 묻는다면

한스 안데르센의 『인어 공주』 — 롤랑 바르트의 『사랑의 단상』

"우리는 아주 무더운 나라로 날아가서, 더위로 괴로워하는 사람에게 시원한 바람을 선물해 주는 거예요. 그리고 꽃향기도 싣고 가서 사람들을 즐겁게 해야지요."

― 동화 『인어 공주』

"나는 그 사람을 그의 자질(계산할 수 있는)이 아닌, 그의 실존에 의해 사랑한다. (…) 그의 사람됨을 사랑하는 게 아니라 그 사람임qu'il est을 사랑하는 것이다. (…) 모든 판단이 정지되고, 의미에 대한 공포가 파기되는 언어. — 인문학 『사랑의 단상』

한스 안데르센의 『인어 공주』

안데르센의 삶을 자세히 알기 전까지 저는 사랑에 대한 가장 아름다운 이야기로 『인어 공주』를 꼽는 데 주저하지 않았습니다. 어렸을 때 이미 수십 번을 읽은 동화지만, 어른이 된 후에도 『인어 공주』는 사랑에 대해 생각할 때마다 '진실한 사랑'이라는 푯말을 들고 제 마음에 서 있었습니다.

짝사랑, 첫사랑, 외사랑, 동경, 결혼에 이르는 사랑, 부모자식 간의 사랑, 형제자매 간의 사랑, 친구 간의 사랑, 사제의 사랑, 남녀 간의 사랑, 신의 사랑, 사람 간의 사랑, 동물 혹은 식물에 대한 사랑, 불가능한 것을 좇는 사랑……

사랑에도 수없이 많은 경우의 수가 있지만, 사랑에 이르는 마음은 단 몇 가지로 정리할 수 있었습니다. 그 중 『인어 공주』는 어른이 되어 수많은 사랑 이야기를 알고 난 후에도 가장 뛰어나다고 생각한 사랑의 메타포였습니다.

주인공 인어 공주는 자기가 사는 세계에서 가장 고귀한 혈통인 왕족입니다. 그렇잖아도 바다는 풍요의 상징인데, 안데르센*이 그려 놓은 바다 세계는 그야말로 낙원입니다. 공주들 중 막내인 인어 공주는 주인공답게 자신의 세상에 만족할 줄 모르는 호기심, 그리고 모험심이 가득한 소녀였습니다. 온 바다가 그녀의 호기심을 알 정도였죠. 그러나 인어 공주는 바다 세상의 규칙대로 열다섯, 성인이 될 때까지 모든 것을 기다려야 합니다.

어렸을 때는 인어 공주가 열다섯이 될 때까지 바다 밖으로 나갈 수 없다는 이야기에 크게 신경 쓰지 않았습니다. 그런데 어른이 되고 보니 이 부분이 어딘가 부자연스럽게 느껴집니다. 호기심 많은 공주가 6년이나 바다 속에서 기다렸다는 것도 그렇지만, 바다 밖으로 나와 그녀가 저지른 위험천만한 모험은 쉽게 이해되지 않았습니다.

성인이 될 때까지 기다렸다는 것, 그것은 아마도 인어 공주의 삶에서 첫 번째 비극이었을 것입니다. 사랑은 말릴수록 불붙는다는 말처럼, 인어 공주의 호기심도 기다린 시간만큼 커졌을 것입니다. 그리고 결국엔 동경이 되었겠죠. 동경이란 사람에게 콩깍지

● 　한스 크리스티안 안데르센(Hans Christian Andersen, 1805~1875)은 덴마크의 동화 작가로, 아름다운 환상의 세계와 인본주의적 인간애가 넘치는 동화를 썼다.

를 씌우는 가장 큰 요인이 아닐까 합니다. 기다리는 시간만큼 커진 기대감이 바다 밖 세상을 미화시켰을 것입니다. 가 보고 싶었던 마음은 열망으로 변했겠지요. 한마디로 인어 공주는 불만 붙이면 바로 터져 버리는 폭죽과 같은 상태에서 성인식을 맞이한 것입니다. 이런 마음가짐으로 만난 사건은 인어 공주에게 운명이 되고 맙니다. 바다에 빠져 죽을 뻔한 왕자를 구해 낸 순간 인어 공주의 마음은 돌이킬 수 없게 된 것이죠. 바다로 돌아간 인어 공주는 모든 것이 무의미하게 느껴집니다. 그녀의 관심사는 바다 위, 자신이 살린 왕자 곁에 머물죠. 그러나 그녀의 사랑을 이해하는 사람은 없습니다. 모두들 그런 사랑은 단념하고, 바다 속에서의 삶을 즐기라고 말합니다.

사랑에 빠진 모든 이들이 걸리는 병을 인어 공주도 앓게 됩니다. 사랑하는 가족들, 풍요로운 바다 세계가 눈에 들어오지 않습니다. 값비싼 진주로 화려하게 치장하고 멋진 무도회에 참석해도 그녀의 눈에는 모든 것이 회색빛이었을 것입니다. 그리하여 그녀는 불가능을 가능으로 만드는 모험을 떠납니다.

육지와 바다, 인간과 인어, 짧은 삶과 영원에 가까운 삶⋯⋯. 어느 것 하나 맞지 않는 상황이지만, 사랑은 원래 불가능이라는 연료로 인해 존재를 태워 버리는 것입니다. 그런 면에서 사랑은 분명히 정신병이죠. 일단 사랑에 빠지면 그 사랑의 유무에 따라 세상이 달라지니 말입니다. 전부全部 아니면 전무全無. 이 극단적인 상태에서 이성이 끼어들 자리는 없습니다. 그래서 이 정신병에 걸린 사람들에게는 불가능하다는 말이 들리지 않습니다. 세상 어딘가에는 불가능을 가능으로 만들 방법이 있을 것만 같죠. 로미오와 줄리엣처럼 사랑을 가능하게 하는 방법으로 죽음마저도 받아들이는 것입니다.

인어 공주는 바다 마녀를 찾아가 자신의 목소리를 인간 다리와 교환합니다. 어릴 적에는 인어 공주의 용기만이 대단해 보였습니다. 안타깝지 않은 것은 아니었지만, 인어 공주가 이루려는 사랑이 얼마나 어려운 것인지 알고 있던 것입니다. 그런데 이제 와서 생각해 보면 이 교환은 매우 불공정해 보입니다. 이제까지 이 교환에 대해 반발을 느꼈다는 독자가 없다는 것이 이상할 정도로요. 동화의 마지막 부분에서 인어 공주를 살리려는 언니들의 교환 조건을 보죠. 인어 공주를 다시 바다로 데려오기 위해, 죽음의 위기에 빠진 막내의 목숨 값으로 언니들이 마녀에게 준 것은 머리카락뿐입니다. 공주의 머리카락이 제아무리 탐스럽다 해도 목소리와 비교할 수 없습니다. 마녀가 내준 약과 칼은 성격이 다를까요? 그렇지 않습니다. 마녀의 약과 칼, 둘 다 한 세계에서 다른 세계로 이동하게 해 주죠. 그리고 그것을 마지막으로 선택하는 자가 막내 인어 공주라는 것 또한 같습니다. 인어 공주는 육지로 가기 위해 마지막 순간 모래사장에서 스스로 약을 먹고, 인어 공주로서의 삶을 끊어야 했습니다. 마찬가지로 바다로 가기 위해 왕자를 칼로

찔러 왕자를 사랑했던 시절을 끊어야 했죠. 그러므로 마녀가 내준 것은 동일한 것이라 할 수 있습니다. 그럼에도 마녀는 같은 성질의 것에 다른 값을 받았습니다.

마녀는 왜 하필 인어 공주에게 목소리를 달라고 했을까요? 아마도 인어 공주가 불가능을 뚫고 성취하려는 것이 극히 세속적인 행복이었기 때문이었을 것입니다. '불가능'이란 말의 배경은 세속입니다. 사랑할 때 남녀는 그들만의 세상에 사는 듯하지만, 그들이 사랑을 이루고 싶은 환경적 배경은 바로 이 세상입니다. 세상에서 가능하다고 인정하는 남녀도 사랑을 이루기가 쉽지 않은데, 세상이 불가능하다고 말하는 사랑을 이루어 이 세상을 배경으로 누리고자 하는 욕망은 모순이 아닐까요? 이것이 불가능한 것을 가능하게 만드는 사랑 이야기 대부분이 비극으로 끝나는 이유라고 생각합니다.

『인어 공주』가 뛰어난 사랑 이야기인 것은 이 점을 가벼이 여기지 않았기 때문입니다.

> "아름다운 공주야, 너는 참 바보로구나. 하지만 너의 소원이 이루어지게는 해 주지. 그렇지만 그렇게 해서 네가 불쌍하게 된 뒤에는 아무리 후회해도 소용없다는 점을 분명히 알아 둬야 해."

마녀는 경고했습니다. 당연히 인어 공주의 귀에는 아무 것도 들리지 않았겠죠. 사랑의 세속적인 행복을 성취할 수 있을 것 같다는 가능성에 홀려 버린 탓입니다. 마녀는, 아니 작가는 사랑에 빠진 자가 잊었을 지라도 모순 자체는 그대로라는 것을 잊지 않습니다. 인어 공주가 마녀에게 목소리를 주고 받은 것은 다리로 변하는 약이 아니라 모순적인 상황 그 자체였습니다.

흔히 우리가 '동화'를 폄하할 때, 현실과 다른 쉽고 도피적인 결말을 지적하곤 합니다. 디즈니 판 「인어 공주」처럼 안데르센의 『인어 공주』가 사랑을 이뤘다면 아마도 그 지적을 피할 수 없었을 것입니다. 이 말은 동화로만 한정 지을 때, 그 정도의 모험과 고난을 겪은 인어 공주는 사랑을 이뤄도 괜찮다는 것입니다. 하지만 『인어 공주』는 사랑의 메타포입니다. 안데르센 그 자신이 겪은 사랑, 그리고 사랑에 대한 이상적인 생각을 담은 작품입니다. 그렇기에 인어 공주는 쉽게 사랑을 이룰 수 없습니다. 동화 속 세상이 단순한 이유는 주인공의 행동을 예측할 수 있고, 주변 인물이 매우 수동적이라는 것 때문입니다. 만약 작가가 인어 공주의 사랑을 이루고자 했다면 주변 인물인 왕자가 인어 공주에게 한눈에 반해 그녀와 끝까지 함께 하도록 만들었을 것입니다.

그러나 왕자는 자신의 역할을 확실히 알고 있습니다. 비중은 크지 않은데, 어린 마음으로 읽으면 화가 날 정도로 왕자는 멍청합니다. 그런데도 왕자는 자신만의 사랑이 분명한 캐릭터입니다. 왕자의 사랑은 인어 공주의 사랑보다 쉽습니다. 그는 익사 위험에 처한 자신을 구해 준 여인을 잊지 못합니다. 인어 공주의 물고기 꼬리를 보지 못한 거죠. 그러므로 그의 사랑은 불가능한 것이 아닙니다. 좀 어렵긴 하겠지만 열심히 찾으면 찾을 가능성이 충분히 있는 것입니다.

알몸으로 백사장에 쓰러져 있던 인어 공주가 왕자의 궁궐에서 살 수 있었던 것은 그녀의 아름다운 미모 때문이 아닙니다. 그것은 왕자가 찾는 여인과 인어 공주의 모습이 비슷했기 때문입니다. 인어 공주는 왕자가 찾는 사람이 바로 자신이라고 말할 수 없습니다. 그래도 왕자가 곁에 있기에 그녀는 행복합니다. 하지만 "당신을 구한 사람이 바로 나"라고 말할 수 없는 사랑은 불안합니다. 그 존재라는 것을 확인받지 못한 사랑은 언제까지나 대안일 뿐이기 때문입니다. 불안은 곧 현실이 됩니다. 왕자는 정략결혼의 대상자인 이웃나라 공주의 아름다운 외모를 보고, 그녀가 바로 자신을 구해 준 사람이라고 굳게 믿습니다.

사랑을 잃은 존재, 불가능에 도전한 인어 공주는 이제 더 이상 세상에 존재할 수 없습니다. 마녀는 그것을 경고했죠. 인어 공주는 자신이 아침 햇살과 함께 물거품이 되어 사라질 것을 알았기에 바닷가로 갔습니다. 고향이 그리웠겠죠. 그리고 이때, 언니들이 나타나 칼을 건넵니다. 왕자의 피를 다리에 묻히면 모든 것이 제자리로 돌아온다면서요. 세계의 질서를 깨뜨린 인어 공주나 그것을 깨뜨리도록 미혹한 왕자, 둘 중 하나는 파멸에 이르러야 하는 것입니다.

이 선택의 기점에서부터 진짜 사랑 이야기가 시작된다고 안데르센은 말하는 듯합니다. 불가능한 것이 전혀 불가능해 보이지 않는 착각이 바로 사랑이고, 자신을 파멸시킬 것을 알면서도 빠져들게 되는 매혹이 바로 사랑입니다. 하지만 아무리 지독한 사랑이라도 깨어날 때가 옵니다. 흔적도 없이 사랑이 사라지는 때가 옵니다. 그때가 되면 누구나 회복되기를 꿈꿉니다. 방법이 있을 것 같습니다. 나를 사랑하지 않는 존재, 잊을 수만 있다면 그 존재만 사라져 준다면 예전의 완벽한 세상으로 돌아갈 수 있을 것 같습니다. 하지만 우리는 또한 압니다. 그 선택은 사랑의 일이 아니라는 것을요. 우리는 사랑이 끝난 후에도 사랑을 완성해야 할까요?

막내 공주는 칼을 꼭 쥐고 왕자를 다시 한 번 내려다보았습니다. 아무 것도 모르는 채 잠들어 있는 왕자의 얼굴은 매우 행복해 보였습니다.
'아, 나는 왕자님을 죽일 순 없어.'
막내 공주는 손을 번쩍 들더니 칼을 바다로 휙 던져 버렸습니다. 그 순간, 칼이 떨어진 곳은 핏빛으로 빨갛게 물들었습니다.
막내 공주는 눈물 어린 눈으로 왕자를 다시 한 번 내려다보았습니다. 그리고는, 밖으로 뛰어나가 바다를 향하여 몸을 날렸습니다.

타인을 위해 자신을 버리는 순간, 사랑은 좀 더 숭고한 차원으로 바뀝니다. 『인어 공주』가 가장 아름다운 사랑의 메타포인 이유는 슬픔 때문이 아니라, 희생을 감수한 사랑에 대한 안데르센의 헌사 때문입니다. 안데르센은 인어 공주의 영혼과 함께 세상을 떠다니는 공기 요정의 말을 빌려 이렇게 이야기합니다.

> "우리는 아주 무더운 나라로 날아가서, 더위로 괴로워하는 사람에게 시원한 바람을 선물해 주는 거예요. 그리고 꽃향기도 싣고 가서 사람들을 즐겁게 해야지요."

인어 공주는 한 사람을 향한 지독한 사랑을 통해 자신마저 버릴 수 있는 인격을 갖게 됩니다. 이 존재의 사랑은 한 사람에 국한되지 않고 수많은 사람에게 전해질 수 있다고, 그리하여 수많은 사람의 사랑을 받을 수 있게 된다고 말해 주는 것 같습니다. 자신을 희생할 수 있는 사랑은 이미 인간의 경계를 넘어서는 것이니 말입니다. 사랑에 대한 기준이 너무 높다는 생각이 들기도 합니다. 하지만 쓸쓸한 저녁, 홀로 높은 별을 올려다보며 인간에 대해 생각해 봅니다. 아름다운 인어 공주의 사랑에 고개를 끄덕이는 우리는 사실, 그렇게 긍지가 높은 종(種)인 것입니다. '사랑'이라는 단어를 지닌 인간은 그리 높은 이상을 가슴에 품고 있는 것입니다.

롤랑 바르트의 『사랑의 단상』

　사랑은 인류가 존재하는 한 가장 인기 있는 주제일 것입니다. 지금 이 순간에도 사랑 노래가 울려 퍼지고, 누군가는 사랑을 주제로 예술 작품을 만들고 있습니다. 그리고 수많은 사람이 사랑을 하고 있죠. 하지만 사랑을 진지하게 논하는 인문학자를 보기란 쉬운 일이 아닙니다. 인간의 삶과 그 무늬에 대한 담론을 펼치는 학자들이 '사랑'이란 단어만큼은 쉽게 스쳐 버립니다. 인생의 수많은 질문에 합당한 답을 찾았노라고 자부하는 그 많은 철학과 담론이 정작 인생의 가장 어려운 문제인 사랑에 대해서만큼은 한쪽으로 치워 둔 느낌입니다. 하지만 드물게도 사랑의 순간을 포착하려 한 사람이 있습니다. 바로 20세기 프랑스의 대표 철학자이자 비평가인 롤랑 바르트*입니다.

　…… 사랑의 담론이 지극히 외로운 처지에 놓여 있다는 사실을 인식한 데에서 비롯되었다. 이 담론은 아마도 수많은 주체들에

* 롤랑 바르트(Roland Barthes, 1915~1980)는 프랑스의 비평가로, 문학·예술·언어 등의 영역에서 비평 활동을 전개하여 구조주의의 선구자가 되었다.

(누가 그걸 알 수 있단 말인가?) 의해 말해져 왔을 것이다. 그러나 어느 누구에 의해서도 보호받지는 못했다. 그것은 주변의 언어들로부터 버림받았다. 또는 무시되고, 헐뜯어지고, 웃음거리가 되어 왔다. 권력에서 단절되었을 뿐 아니라, 그 메커니즘(과학, 지식, 예술)과도 단절된 것이다.

롤랑 바르트의 짧은 단상으로 이루어진 『사랑의 단상』은 언뜻 보면 혼란스럽습니다. 어떤 체계도 없이 알파벳 순서대로 키워드를 어지러이 배치해 놓았기 때문입니다. 사랑의 환상에 대해 이야기하다가, 다음 장에서는 사랑의 환멸에 대해 이야기하는 식이라서 감정적으로 읽는 것을 끊임없이 방해합니다. 사랑하는 사람의 마음은 상대에 의해 하루에도 열두 번씩 롤러코스터를 타기 마련인 데다, 논리적인 담론이란 애초에 불가능하여 결국 독백만이 가능할 테니까요. 하지만 롤랑 바르트의 말(혹은 깨달음)에 의하면 사랑하는 사람들은 "내 광기(내 '진실')를 어디에선가(그곳이 어디든 간에) 인정받기 위해 이런 문들을 두드리고 싶은 욕망에 사로잡"힌다고 합니다.

> 나는 그 사람을 그의 자질(계산할 수 있는)이 아닌, 그의 실존에 의해 사랑한다. (…) 그의 사람됨을 사랑하는 게 아니라 그 사람임qu'il est을 사랑하는 것이다. (…) 모든 판단이 정지되고, 의

미에 대한 공포가 파기되는 언어.

 사랑하는 그 사람을 떠올리지 않고 어떻게 이런 말을 뼛속 깊
이 이해할 수 있을까요? 롤랑 바르트와 함께 사랑에 대한 담론을
혼자 읊조리다 보면, 여러분도 어느새 인어 공주의 선택에 고개를
끄덕일지 모르겠습니다.

7. 사랑, 하나라고 생각하는 순간 둘이 되는

엘리너 파전의 『일곱째 공주님』 - 에리히 프롬의 『사랑의 기술』

사람들은 마지막으로 남은 막내 공주에게 희망을 걸었습니다.
"막내 공주님마저 다른 공주님과 머리카락 길이가 같으면 어쩌지?"
임금이 걱정하자, 막내 공주가 입을 열었습니다.
"전 달라요." - 동화 『일곱째 공주님』

대부분의 사람들은 사랑의 문제를 '사랑하는', 즉 사랑할 수 있는 능력의 문제로 여기기보다는 '사랑받는'문제로 생각한다. 따라서 그들에게 중요한 문제는 어떻게 하면 사랑받을 수 있는가, 어떻게 하면 사랑스러워지는가 하는 것이다.
– 인문학 『사랑의 기술』

엘리너 파전의 『일곱째 공주님』

엘리너 파전은 제 인생에서 빠질 수 없는 동화 작가입니다. 그녀의 동화는 어릴 때는 물론이고 어른이 된 지금도 여전히 울림을 줍니다. 어린이를 위한 동화이되 삶의 깊은 의미를 담고 있기 때문입니다. 그 중에서도 『일곱째 공주님』은 어른이 된 후에 더 많은 깨달음을 주는 동화입니다.

여섯 명의 공주가 자기 머리털만을 위하여 살아간 이야기를 들은 적이 있나요? 내가 이제부터 하려는 이야기가 바로 그 이야기입니다.

자신의 머리카락만을 위하여 살아간 이야기라니, 그것도 18년

동안 성안에 갇혔던 라푼젤처럼 한 명도 아니고 여섯 명이나 되는 공주가 모두 그러했다니! 엄청난 이야기가 숨어 있을 것 같아 심장이 두근거렸던 기억이 아직도 생생합니다. 하지만 이야기는 단순합니다. 우선 왕비를 몹시 사랑하는 임금이 나옵니다. 왕자와 공주가 나오는 동화라면, 으레 백설 공주나 신데렐라처럼 남녀 간의 로맨스를 기대하곤 하죠. 그러나 엘리너 파전*의 『일곱째 공주님』은 달랐습니다. 이 책은 왕자와 공주가 결혼하여 '그 후로도 오랫동안 행복하게' 살았다는 동화의 결말이 가장 먼저 나옵니다. 어쩐지 수상합니다. 아니나 다를까 첫 장이 넘어가기도 전에 왕비는 쌍둥이 공주를 낳습니다.

> "사랑하는 왕비여, 나를 이렇게 기쁘게 해 준 보답으로 당신에게 선물을 하고 싶소. 어떤 선물을 원하는지 말해 보시오."

임금은 뛸 듯이 기뻐하며 왕비에게 그 보답으로 소원을 이루어 주겠다고 합니다. 왕비는 푸른 5월의 목장을 보고는 봄을 달라고 합니다. 그러자 임금은 5만 명이나 되는 정원사를 불러 5만 그루의 꽃나무를 정원에 심도록 합니다. 봄에 꽃을 피우는 나무만 골라 말이죠. 궁전 정원은 울긋불긋 봄꽃들로 화려했고, 임금은 우쭐하며

• 엘리너 파전(Eleanor Farjeon, 1881~1965)은 영국의 시인이자 아동문학가다.

왕비를 데려옵니다. 하지만 왕비는 한숨을 내쉴 뿐입니다.

이듬해에 왕비는 또 쌍둥이 공주를 낳았습니다. 임금은 이번에도 소원을 말해 보라고 합니다. 왕비는 골짜기 사이로 흐르는 강을 달라고 합니다. 그러자 임금은 5만 명의 일꾼을 불러 강줄기를 정원 쪽으로 끌어와 버립니다. 임금은 분수가 하늘높이 치솟는 정원으로 왕비를 데려오지만, 이번에도 왕비는 말없이 돌아섭니다.

그다음 해에 왕비는 또 쌍둥이 공주를 낳았습니다. 왕비는 진실한 마음을 지닌 여섯 명의 여성을 원한다고 말합니다. 그리고 여섯 여성에게 각기 공주를 한 명씩 맡기죠. 그다음 해에 왕비는 일곱째 공주를 낳습니다. 임금은 왕비의 소원대로 산비둘기 한 마리와 백조 여섯 마리를 주고요.

왕비는 아기 침대에 누워 있는 공주들을 보며 임금에게 묻습니다. 자기가 죽으면 누구에게 왕좌를 물려줄 생각이냐고요. 임금은 잠시 머뭇거리다가 머리카락이 가장 긴 공주에게 맡기겠다고 말합니다. 왕비는 유모들에게 이 사실을 알리고는 공주들의 머리카락을 가꾸게 합니다. 유모가 없는 막내 공주의 머리카락은 왕비가 맡기로 합니다.

몇 년이 지나고, 임금이 그토록 사랑하던 왕비가 죽음을 맞았습니다. 그리고 때를 맞춰 '세계의 왕자'가 궁전에 찾아옵니다. '세계의 왕자'는 매우 과묵해서 한마디도 하지 않았습니다. 대신 시종이 그의 말을 대신 전합니다. 시종은 '세계의 왕자'가 여왕이 될 공주와 결혼하기 위해 왔다고 하였습니다. 임금은 잘되었다며 공주들의 머리카락 길이를 재도록 합니다.

재봉사가 자를 가져오자, 여섯 명의 공주들은 제각기 머리를 풀어 길게 늘어뜨렸습니다. 그러자 머리카락이 방바닥에 닿았습니다. 재봉사는 공주들의 머리카락을 쟀습니다. 유모들은 흐뭇한 표정으로 지켜보았습니다. 서로 자기가 맡은 공주의 머리카락이 가장 길 것이라고 생각했던 것입니다. 그런데 난처한 일이 벌어졌습니다. 공주의 머리카락 길이가 모두 똑같았기 때문입니다. 모두 어찌할 바를 모르고 술렁거렸습니다. 임금도 혀를 차면서 왕관만 만지작거렸습니다. 사람들은 마지막으로 남은 막내 공주에게 희망을 걸었습니다.

"막내 공주님마저 다른 공주님과 길이가 같으면 어쩌지?"

임금이 이렇게 걱정하자, 막내 공주가 입을 열었습니다.

"전 달라요."

마침내 두건을 벗은 막내 공주의 머리카락은 다른 공주와 확연히 달랐습니다. 막내 공주의 머리카락은 귀밑에서 찰랑거리는 단발머리였습니다. 임금은 깜짝 놀라 누구의 짓이냐고 물었습니다. 그러자 공주는 말합니다.

"어머니께서 날마다 가위로 잘라 주셨어요."

임금은 실망한 듯 말했습니다.

"누가 내 뒤를 이을지는 모르겠지만, 너는 안 되겠구나."

 파전은, 여섯 공주들은 유모의 시중을 받으며 머리카락을 가꾸었지만 끝내 차이가 나지 않았다며, 이야기를 마무리합니다. 어릴 때는 이야기의 결말이 허무했습니다. 누가 왕자와 결혼하는지도 알려 주지 않았고, '세계의 왕자'는 단 한마디도 하지 않았으니까요. 이야기는 재미있었지만, 도대체 무슨 말을 하려는 것인지 알 수 없었죠. 하지만 그래서 가끔 떠오르곤 하는 이야기였습니다.

 어른이 되어 첫사랑의 열병을 앓고, 짝사랑도 해 보면서 『일곱째 공주님』이 새록새록 생각났습니다. 어느 날 오랜만에 고향집에 가서 옛날 동화책을 꺼내 보았지요. 그랬더니 제가 미처 읽지 못한 것들이 보였습니다. 우선 왕비의 신분이 특별했죠. 왕비는 원래 집시 출신이었습니다. 집시란, 온 세상을 떠돌며 노래와 춤으로 일생을 사는 사람이 아닙니까? 그제야 임금이 왜 그토록 왕비가 떠날까 봐 걱정했는지 알 수 있었죠. 집시의 피는 뜨겁고 자유로우니까요. 그러나 임금은 자신이 얼마나 왕비를 사랑하는지에만 관심을 가졌지, 왕비의 사랑이 얼마나 컸는지에 대해서는 끝까지 알지 못한 것 같습니다.

궁전 안에 갇혀만 지내는 왕비는 울타리 너머의 세상이 몹시 그리웠습니다. 그러나 왕비도 임금을 사랑했기 때문에 임금의 뜻에 따르고 있었습니다.

왕비가 꿈꿨던 '5월의 봄'과 '골짜기의 강'은 자유였습니다. 그러나 임금은 왕비에게 자유를 줄 수 없었습니다. 못내 불안했던 것이죠. 그래서 엄청난 돈을 들여 그녀를 궁전 정원 안에 가두었습니다.

왕비는 언제부터 자유를 포기했을까요? 왕비는 세 번째 쌍둥이 딸을 낳은 다음부터 자유를 포기한 것 같습니다. 봄꽃 향기로운 정원에서 한숨을 쉬던, 정원 안으로 흐르는 강줄기를 본체만체하던 왕비는 무엇을 생각했을까요? 그녀는 딸들의 운명을 염려하지 않았을까요? 임금의 지독한 사랑을 받는 공주들 역시 자신처럼 아름다운 감옥에 갇힌 삶을 살게 되리라 생각했겠죠. 하지만 그래도 왕비는 임금을 사랑한 모양입니다. 그토록 자유가 그리웠으면 일곱째 공주 외에 나머지 여섯 공주에게도 자유를 선사했을 수 있었을 텐데요. 하지만 그랬다면 임금이 상심하리라 생각했겠죠. 그녀의 예상대로, 그녀가 죽은 후에 여섯 공주는 자신의 머리카락에 묶여 일생을 갇혀 삽니다. 하지만 막내만은 왕비가 주고자 했던 자유를 마음껏 누립니다.

한편 막내 공주는 머리카락 따위에 신경 쓸 필요가 없었기 때문에, 마음껏 뛰어다니며 놀았습니다. 머리에 붉은 수건을 쓴 채 궁전 밖으로 나와, 들이며 언덕, 강, 목장, 시장 같은 곳을 두루 돌아다녔습니다. 막내 공주 곁에는 늘 비둘기가 따라다녔고, 나중에는 '세계의 왕자'의 시종도 따라왔습니다.

사랑을 하면 상대의 모든 것을 소유하고 싶어집니다. 자기만의 궁궐에서 즐겁게 살도록 해 주고 싶죠. 그러나 모든 인간은 비록 집시의 피가 흐르지 않더라도 자유를 갈망합니다. 자유는 인간의 가장 기본적인 욕망이니까요. 극진한 사랑과 세계 최고의 호강을 누려도 자유를 누릴 수 없다면 무의미합니다. 하지만 왕비가 원하는 대로만 살았다 하더라도 두 사람이 행복했을 것 같지는 않습니다. 왕비에게 모든 자유를 허락했다면 왕비는 임금이 국정을 보지 못하게 했을지 모릅니다. 그녀의 방랑 기질에 100% 맞춰 줄 상대는 임금이 아니라 같은 집시였겠죠. 임금이 집시처럼 살았다면 그는 진즉에 폐위되었을 것이고요. 임금이 그녀의 본성을 알고 연인으로만 만족하여 왕비 자리에 앉히지 않았다 하더라도 둘의 사랑은 위태로웠을 것입니다. 그녀는 자신과 결혼하지 않는 임금의 사랑을 믿지 못했을 테니까요.

그래서 사랑이 어려운가 봅니다. 원하는 대로 마음껏 사랑한다고 해도 상대에게는 숨 막히는 억압이 될 수 있고, 자유를 너무 허용한다면 상대나 자신 중 누구도 만족할 수 없으니까요. 사랑이 어려운 것은 어쩌면 당연하기도 합니다. 복잡하기 이를 데 없는 인간 둘이 진심으로 어우러지는 일이 그리 간단할 리 없죠.

어렵기는 남녀 간의 사랑만이 아닙니다. 부모 자식 간의 사랑, 친구 간의 사랑, 불특정 다수에 대한 사랑도 구속하는 범위와 자유로움을 허용하는 범위에 따라 성공과 실패를 좌우합니다. 정확한 비율로 그려진 하트보다 어딘가 일그러지고, 곡선이 매끄럽지 않은 하트가 되기 십상이죠. 하지만 다행히도 사랑이란 시간의 흐름과 함께 유연하게 다시 그려지는 곡선입니다. 깨달으며 서로에 집중하면서 점차 아름다운 사랑을 만들어 갈 수 있는 거죠.

동화 넘어 인문학

에리히 프롬의 『사랑의 기술』

어릴 적에는 임금의 사랑이 참으로 안타까웠습니다. 하지만 사랑을 경험한 후에는 임금을 비난만 할 수도 없었습니다. 왕비가 원하는 모든 것을 이루어 주었다고 믿는 임금의 사랑 방식을 보며 제 모습이 떠올라 뜨끔하지 않을 수 없었거든요. 왕비에게 푸른 5월의 봄을 선물할 만큼 능력 있는 임금이 한없이 나약해 보였던 이유를 생각해 봅니다.

> 대부분의 사람들은 사랑의 문제를 '사랑하는', 즉 사랑할 수 있는 능력의 문제로 여기기보다는 '사랑받는' 문제로 생각한다. 따라서 그들에게 중요한 문제는 어떻게 하면 사랑받을 수 있는가, 어떻게 하면 사랑스러워지는가 하는 것이다.

흔한 사랑의 경구 중에 "더 많이 사랑하는 사람이 약자"라는 말이 있죠. 하지만 프롬의 말대로 사랑도 기술처럼 갈고 닦아야 하는 능력이라면 생각의 전환이 필요합니다. 수동적인 자세에서 배울 수 있는 기술은 없으니까요. 즉, 내가 하지 않는 사랑이란 불가능합니다.

그렇다면 임금의 능동적인 행동은 사랑이었을까요? 원하는 것은 무엇이든 대령해 주는 임금의 마음을 헤아려 봅니다. 그의 행동은 왕비에게 사랑받고 싶은 불안한 마음에서 시작되었다고 볼 수 있습니다. 무엇보다 능동적으로 '주는' 행위란 실은 자신이 이만큼 사랑받을 자격이 있다는 과시에 불과합니다. 그는 사랑에 관한한 수동적이었다고 할 수 있습니다.

'사랑은 인간에 있어서 능동적인 힘이다.' 즉, 인간이 타인과 분리되는 벽을 허물어 버리고 타인과 일치시키는 힘이다. 사랑은 고독감과 분리감을 극복할 수 있게 해 주며 동시에 각자에게 자기의 특성을 유지할 수 있게 해 주고 통합성을 유지시킨다. 사랑에 있어서는 두 존재가 하나가 되지만 동시에 따로따로 남는다는 모순이 성립한다.

  사랑의 근본적인 모순은 '하나'라고 생각하는 순간 서로 '다른' 존재임을 자각하게 되는 것인지 모르겠습니다. 그러니 사랑만큼 어려운 문제도 없습니다. 에리히 프롬*의 『사랑의 기술』이 시대와 세대를 불문하고 많은 이들에게 읽히는 것은 아마도 사랑이 그만큼 어렵기 때문일 것입니다. 하지만 동시에 이 책은 구매한 사람의 절반이 읽지 않는 책이라는 우스갯소리도 듣죠. 사랑을 연애 혹은 로맨스라고 생각하는 한 틀린 말도 아닙니다. 알 듯 모를 듯한 철학적 언어가 거의 논문처럼 느껴지니 그럴 수밖에요. '사랑'이란 말이 들어간 책 중에서 가장 재미없는 책이라고 생각한 적도 있었습니다. 하지만 사랑의 쓴맛을 실컷 맛본 후에 "그러니까 대체 사랑이 뭐야?"라고 크게 묻고 싶을 때 이 책은 진가를 보여 줍니다.

● 에리히 프롬(Erich Fromm, 1900~1980)은 독일의 정신 분석학자이자 사회학자다. 인간의 여러 악덕은 사회 조건을 개혁함으로써 감소시킬 수 있다고 보고, 인본주의적·공동체적 사회주의의 실현을 주장하였다.

인간 상호 간의 융합에 대한 욕구는 인간의 가장 강력한 갈망
이다. 그것은 가장 기본적인 열정이며, 인류와 집단, 가족, 사회
를 결합시키는 힘이다. 이 욕구를 충족시키지 못한다는 것은
발광이나 파괴(자신의 파괴 혹은 타인의 파괴)를 의미한다. 사랑
없이 인간성은 단 하루도 존재할 수 없다.

프롬은 사랑이 인간의 진정한 본능이라고 말합니다. 사랑은 생
명과 성장에 대한 적극적인 열정으로, 그것을 충족시키지 못할 때
인간다운 인간은 단 하루도 존재할 수 없다고 말하죠. 하지만 우
리가 몸담고 있는 이 세계가 우리의 본성을 방해합니다. 우리는
자본주의의 방식에 너무도 익숙해져 있습니다. 모든 것은 교환할
수 있고, 사랑도 교환으로 표현할 수 있다고 믿습니다. 임금이 (돈
과 권력으로) 봄의 정원을 만들어 왕비에게 준 것처럼 말이죠. 임금
은 정원이라는 선물을 주면 왕비가 사랑이라는 의미로 받아들이
리라 믿었습니다. 반대로 왕비는 사랑을 증명할 수 있는 유일한
품목이 자유라고 생각했겠죠. 서로에 대한 믿음으로 사랑이 존재
하는 것처럼 살았던 임금과 왕비를 우리 주변에서도 쉽게 찾을 수
있을 것 같습니다.
　고독한 존재로서 우리는 누구나 사랑을 갈망합니다. 하지만 교
환 가치가 당연해진 세상에서 사랑 또한 본질이 훼손되었습니다.
물질적이고 획일화된 자본주의 사회에서는 사랑 또한 교환 가치

가 있는 소비 대상에 불과합니다. 하지만 인간은 누구나 교환 가치를 넘어선 사랑을 꿈꿉니다. 지나치게 이상적이라고 생각할 수 있겠지만, 상대가 나를 예쁘고 잘생겼을 때만 사랑한다고 느낄 때, 나의 돈과 능력 때문에 나를 소중히 여긴다는 생각이 들 때 쓸쓸하지 않을 사람이 있을까요? 아이를 낳고 키우기 때문에, 매월 일정액을 벌어 오기 때문에 헤어지지 못하는 부부 사이에 사랑이 존재한다고 믿는 사람이 있을까요? 조건을 넘어선 사랑, 주고받음의 대차대조표가 없는 사랑이 이상적이라면, 우리의 본능 자체를 이상적이라고 하는 것과 같습니다.

자본주의의 편리성에 길들여진 우리는 사랑 또한 교환할 수 있다는 믿음을 버리기가 힘듭니다. 왜냐하면 그 믿음을 버리면 사랑을 위해 우리는 진정한 우리 자신과 대면해야 할 테니까요. 에리히 프롬은 자본주의 사회가 사랑에 대한 높은 이상을 훼손시키며 우리를 하찮은 존재로, 사랑을 모르는 존재로 만든다고 지적합니다. 그리고 단언합니다. 그러한 세상은 멸망할 수밖에 없다고요.

현존하는 체계 아래서 사랑할 수 있는 사람은 모두 예외다. 오늘날 서구 사회에서 사랑은 필연적으로 주변적인 현상이다. 많은 직업들이 사랑하는 태도를 용납하지 않기 때문일 뿐만 아니라 생산 지향적이며, 상품에 탐욕스러운 사회의 정신은 오직 순응하지 않는 자만이 그에 맞서 자신을 방어할 수 있는 것이기 때문이다. 인간 존재의 문제에 대한 유일한 합리적 해결책으로서 사랑에 진지하게 관심을 두는 사람들은 사랑이 매우 개인주의적이며 주변적인 현상이 아니라 사회적 현상이 되려면 우리의 사회 구조 내에 중요하고도 급진적인 변화가 있어야 한다는 결론에 도달하게 된다.

  사랑을 어렵게 만드는『사랑의 기술』. 우리는 예외가 될 준비가 되었을까요? 하나의 기술을 익히는 데 적어도 10년은 걸린다고 합니다. 하지만 사랑의 존엄성을 높일 수만 있다면 별로 아깝지 않은 세월인 것 같습니다. 비록 우리 자신만이 아니라 이 사회까지 바꿔 가야 하는 세월이지만 말이죠. 살아가는 동안 단 한 번이라도 진정한 사랑을 해 볼 수 있을까 생각해 봅니다. 사람으로서 우리의 사랑은 이 사회를 바꿀 수 있을까요?

8. 나의 빛과 어둠을 찾아서

제임스 매튜 배리의 『피터 팬』 — 프리드리히 니체의 『차라투스트라는 이렇게 말했다』

여태까지 후크는 자신이 악마하고 싸우고 있다고 생각했다. 그런데 이제는 아닐지도 모른다는 미심쩍은 생각이 그를 어둡게 휘감았다.

후크가 쉰 목소리로 외쳤다.

"피터 팬, 너는 대체 누구이고 신분이 뭐냐?"

"나는 젊음이요, 기쁨이다. 나는 알을 깨고 나온 작은 새다." — 동화 『피터 팬』

슬프다! 인간이 동경의 화살을 더 이상 자신의 너머로 쏘지 못하고, 윙윙거리며 활
시위를 울리게 할 줄도 모르는 그런 때가 머지않아 오겠구나!
그대들에게 말하거니와, 춤추는 별을 낳으려면 인간은 자신 속에 혼돈을 간직하고
있어야 한다. **- 인문학 「차라투스트라는 이렇게 말했다」**

제임스 매튜 배리의 『피터 팬』

'이대로 시간이 멈추었으면!'

누구나 살면서 이런 생각이 들 만큼 행복한 순간이 있었을 것입니다. 만일 인생 전체를 놓고 본다면 사람은 언제 이런 마음을 가장 많이 품을까요? 아마도 많은 어른이 어린 시절이라고 말할 것입니다. 아무 근심걱정 없이 부모의 사랑을 받으며 하루하루 신나게 놀았던 어린 시절만큼 행복한 순간이 많지 않다는 것을 어른이 되면 아니까요.

그런데 어린이도 그렇게 생각할지는 모르겠습니다. 많은 어린이가 빨리 자라 어른이 되기를 바라니까요. 자라지 않는다는 것은 어린이 입장에서는 끔찍한 일이겠죠. 육체적으로 자란다는 것은 풍부한 영양과 섬세한 보살핌이 있다는 증거고, 정신적으로도 더 없는 가르침과 경험이 있다는 얘기죠. 자랄 수 있다는 것 자체가 행복한 상태를 말합니다. 따라서 어린이는 자라는 것을 즐거워하고, 당연하게 여깁니다. 그러니 어린 시절에 머물고 싶어 한다는 것은 어른의 착각이거나 좋게 말해 후일담에 불과할 것입니다.

하지만 제임스 배리*가 『피터 팬』을 쓴 후, 어린이들은 자란다는 것에 대해 곰곰이 생각해 보곤 합니다.

'이대로 자라서 어른이 되는 건 정말 좋은 일일까?'

'글자를 배워서 책을 읽게 된 것은 좋지만, 글자를 배울 때 꽤나 힘들었는데…… 앞으로도 그런 일을 계속 한다면 행복할까?'

'어른이 되면 일도 하고 체면도 차려야 하고 싫은 사람 앞에서도 웃어야 하는 걸까?'

피터 팬이 너무 격렬하게 어른이 되는 것을 싫어하기에 『피터 팬』을 읽은 어린 독자라면 덩달아 그것에 대해 비관적 전망을 가질 수 있습니다. 자라는 것보다 머물러 있는 것이 훨씬 현명한 일인 것처럼 느껴지기도 합니다. 피터 팬은 우울해진 어린이들에게 더 위협적인 말을 하기도 합니다.

"어른이 되면 요정 가루가 있어도 하늘을 날 수 없어!"
"네버랜드에 있는 어른은 인어와 인디언과 악당뿐이야. 그러

---

* 제임스 매튜 배리(James Matthew Barrie, 1860~1937)는 영국의 극작가로, 주로 사회적인 주제를 다루었으며, 풍자에 뛰어났다

니까 어른이 되면 네버랜드도 끝이야!"

"어른은 요정을 안 믿어. 그러니까 더 이상 팅커벨의 친구가 될
수도 없어!"

웬디와 함께 네버랜드에서 신나게 모험한 어린이로서는 싱숭생
숭해지지 않을 수 없는 위협입니다. 하지만 다행히도(!) 어린이에
겐 다른 동화책이 있죠. 게다가 쉽게 잊어버리는 특성이 있어서 금
세 피터 팬을 잊게 됩니다. 그렇게 모두들 무럭무럭 자라게 되죠.

하지만 피터 팬은 결코 우리 곁을 떠난 적이 없습니다. 어른이
된 어느 날, 어린이였던 우리는 어른이 된 우리를 놀려 먹는 피터
팬을 만나기도 하고, 피터 팬이 곁에 있는 것처럼 엉뚱한 짓을 하
기도 합니다. 이제는 더 이상 자랄 일이 없어진 어른 중 몇몇은 피
터 팬처럼 선언을 하기도 합니다.

"계속 어린아이처럼 살 거야!"

하지만 이런 마음을 진심으로 가진다면 다들 병에 걸렸다고 하
겠죠. '피터팬증후군'이라는 병이요. 어른이 되면 어른의 역할을
해야 합니다. 그것이 정상적인 삶입니다.

왜 피터 팬은 되는데 어른은 안 되느냐고 물어도 소용없습니다.
피터 팬은 피터팬증후군에 걸린 것이 아니니까요. 그는 이미 어릴
적에 영원히 자라지 않기로 결심했습니다. 그래서 영원한 어린이
로 네버랜드에 살고 있는 것입니다.

『피터 팬』은 모험 이야기입니다. 하지만 동시에 '엄마'에 대한 이야기이기도 합니다. 어린이들이 엄마에 대해 가질 수 있는 거의 모든 생각이 이 동화 한 편에 들어 있습니다. 웬디 남매는 피터 팬을 따라 네버랜드로 갑니다. 피터 팬이 네버랜드에서는 어른의 간섭 없이 실컷 놀 수 있다고 유혹했기 때문이죠. 눈앞에서 요정 팅커 벨을 보고 피터 팬처럼 하늘을 날 수 있게 된 웬디 남매가 피터 팬의 유혹을 이길 수 없는 것은 당연해 보입니다.

그런데 피터가 웬디 남매를, 정확히는 웬디를 네버랜드로 데려가고 싶었던 가장 큰 이유는 바로 '엄마'가 필요했기 때문입니다. 피터가 돌보는 고아들이 늘 엄마를 원했던 것이죠. 피터는 엄마에 대해 아는 것은 없지만, 남자는 엄마가 될 수 없다고 생각합니다. 그래서 자기 또래의 웬디라면 꼬마들의 엄마가 되어 줄 수 있을 것이라고 믿었습니다.

웬디는 피터 팬의 바람대로 네버랜드 고아들의 엄마 노릇을 합니다. 웬디는 소꿉놀이를 하는 기분으로 엄마 역할을 합니다. 고아들은 엄마가 생겼다고 으스댑니다. 악당 후크 선장과 그 패거리들은 '엄마'가 생긴 고아들이 더 이상 만만한 존재가 아니라고 생각하게 됩니다. 엄마들이란 아이들을 보호하기 위해 쓸 데 없이 조심스럽기 때문에 고아들을 골탕 먹일 기회가 줄어든 것입니다. 악당 패거리들은 고아들이 부럽기만 합니다. '엄마'를 갖고 싶은 악당들은 웬디를 납치하기로 마음먹기도 합니다.

한편 웬디는 시간이 지날수록 진짜 엄마가 되어 버립니다. 고아들과 동생, 피터 팬을 걱정하고 뒷바라지를 하다 보니 사라진 자신을 걱정할 엄마가 생각납니다. 엄마에게 돌아갈 마음이 생기면서 웬디는 고아들의 실제 엄마들, 나아가 피터 팬의 엄마도 찾아주면 좋겠다고 생각합니다. 고아들은 웬디의 말에 마음이 움직이지만 피터 팬만은 요지부동입니다.

"오래 전에 나는 너희처럼 엄마가 늘 창문을 열어두고 나를 기다릴 거라 생각했어. 그래서 한 달, 두 달, 세 달…… 그렇게 아주 오랫동안 집밖에서 놀다가 돌아왔어. 그런데 창문에 창살이 쳐 있지 뭐야. 엄마가 나를 완전히 잊어버렸던 거지. 게다가 내 침대에는 다른 꼬마 아이가 자고 있었어."

작가는 피터 팬의 기억이 사실인지 아닌지 알 수 없다고 말합니다. 하지만 엄마에 대해 정확한 정의를 내릴 수 없는 아이들은 피터 팬의 말에 놀랍니다.

"정말 엄마들이란 그런 사람들이야?"

어릴 적이라면 무심코 지나쳤을지 모르겠으나 어른이라면 이 문장에 시선이 머물지 않을 수 없을 것입니다. 엄마란 어떤 사람일까요……? 세상에 똑같은 사람은 하나 없다는데, 엄마에 대해서는 고정된 이미지가 있는 것 같습니다. 아이를 키우는 여자가 100명이라면 엄마의 이미지도 100개여야 할 텐데, 우리는 엄마라는 단어에 '헌신적인, 자애로운, 희생적인' 등의 단어를 갖다 붙입니다. 세상 모든 자식이 똑같은 덕목을 가지지 못했듯, 엄마의 이미지도 획일적일 수 없습니다. 그런데도 많은 엄마와 자식이 사회에서 만든 '이상적인 엄마 상'이라는 그림에 갇혀 불화를 겪고 상처를 받죠.

　그런 의미에서 볼 때 『피터 팬』속 엄마에 관한 말들은 놀랍기만 합니다. 어린이들은 동화 속 고아의 질문을 통해 당연한 존재였던 엄마도 객관화할 수 있다는 것을 처음으로 깨닫습니다. 피터 팬은 아이들에게 말해 줍니다. 자신이 네버랜드에서 놀다 엄마가 그리워 돌아갔을 때, 창문이 닫혀 있었다고. 자신이 누워 있던 요람에는 자기 대신 다른 아기가 있었다고 말이죠. 아이들은 피터 팬을 기다리지 않고 창문을 닫아 버린 사람이 다름 아닌 '친 엄마'라는 것에 놀라워할지도 모릅니다. 이제까지 나쁜 엄마는 '새 엄마'라고 속삭이던 동화에 익숙한 아이라면 말입니다. 웬디처럼 자신의 엄마도 창문을 닫아 버리지 않을지 불안하기도 할 것입니다.

　그렇다면 엄마를 지독히 싫어하는(물론 진심이 아니라는 것을 모두가 알지만) 주인공 '피터'를 만든 작가 배리의 실제 엄마는 어땠을까요? 영원한 어린 시절을 꿈꾼 작가답게 신나고 아름다운 어린 시절을 보냈을까요? 제 생각에 작가도 그다지 행복하지 않았을 것 같습니다. 작가의 엄마는 피터 팬의 엄마와 닮은 점이 꽤 있었습니다. 작가가 열일곱 살 때 큰아들을 잃은 작가의 어머니는 그후로 오랫동안 제임스 매튜 배리를 큰아들이라 믿었다고 합니다. 때문에 작가는 어머니의 슬픔을 덜어 주고자 큰형 노릇을 했습니다. 아무리 어머니를 사랑한다 해도, 형을 잃은 슬픔이 크다 해도, 어머니의 사랑이 자신이 아닌 세상을 떠난 형을 향해 있음을 알면서 살아가는 것은 참으로 불행한 일입니다. 자신이 누워 있던 아기 침대에 동생이 누워 있는 것을 보고 다시는 돌아가지 않기로 한 피터 팬의 마음은 바로 작가의 마음이 아니었을까요?

『피터 팬』을 영화나 연극으로 '보지' 않고 책으로 '읽은' 사람이라면 작가가 그린 네버랜드를 환상적이고 신나는 세계로만 기억하지 않을 것입니다. 사실 우리가 아는 장난꾸러기 피터 팬과 새침데기 팅크는 디즈니 만화의 이미지에 불과합니다. 원작 속 피터 팬은 그와 많이 다르지요.

피터가 후크의 팔을 악어에게 던져 버린 것은 사실이다. 하지만 그 사실과, 그 뒤에 집요하게 쫓아다니는 악어 때문에 불안하기 짝이 없는 생활을 해야 한다는 것만으로는, 후크의 무자비하고 악에 받힌 복수심을 설명하기는 어렵다. 사실은 후크를 못 견디게 하는 어떤 점이 피터에게 있었다. 그것은 피터의 용기나 매력적인 외모도 아니고, 그 밖의 다른 이유도 아니었다. 음, 다들 잘 알 테니 돌려 말할 필요도 없다. 그것은 바로 피터의 잘난 척하는 태도였다.

그것이 후크의 신경을 늘 긁어 놓았던 것이다. 피터의 우쭐대는 꼴을 생각하면 쇠갈고리가 부들부들 떨렸고, 밤이면 벌레처럼 그의 심기를 불편하게 했다.

어른의 눈으로 피터의 행동거지를 보면 후크의 분노에 동감하게 됩니다. 웬디 역시 피터 때문에 속상했을 정도니까요. 그런데 그렇기 때문에 피터 팬은 완벽한 어린아이인 것입니다. 어린이를 천사로 생각하는 것은 어른의 착각이죠. 어린이는 천사인 동시에 악마와 같은 모습도 보이는데, 세상을 모르고 순진무구하기에 그럴 수밖에 없는 어린이를 작가 배리는 솔직하게 그려낸 것입니다. 그러면 도대체 피터 팬은 누구일까요?

그러나 피터는 우아한 손짓으로 적에게 칼을 집으라고 명령했다. 후크는 재빨리 칼을 집었다. 하지만 피터가 품격 있게 행동하고 있다는 생각 때문에 비참한 생각이 들었다.

여태까지 후크는 자신이 악마하고 싸우고 있다고 생각했다. 그런데 이제는 아닐지도 모른다는 미심쩍은 생각이 그를 어둡게 휘감았다.

후크가 쉰 목소리로 외쳤다.

"피터 팬, 너는 대체 누구이고 신분이 뭐냐?"

"나는 젊음이요, 기쁨이다. 나는 알을 깨고 나온 작은 새다."

후크와 피터 팬의 마지막 대결에서 후크가 흔들린 이유는 다름 아닌 피터 팬의 품격 때문입니다. 여기서 품격이란 빅토리아 시대, 신사의 자격을 뜻하는 특정한 단어 같기도 하지만, 인간의 품격으로 보아도 무리 없어 보입니다. 후크는 그동안 피터 팬을 '악마', 그러니까 인간이 아닌 것으로 보았다고 고백하는 부분 때문입니다. 그래서 후크는 피터 팬에게 신분을 밝히라고 외칩니다. 피터는 명확하게 자기 선언을 합니다.

젊음, 기쁨. 후크도 그것을 가진 시절이 있었습니다. 하지만 지금은 모두 사라졌죠. 피터 팬은 바로 그 때문에 어른이 되기를 거부하는지도 모릅니다. 하지만 젊음이란 육체의 싱싱함만을 뜻하는 것일까요? 후크는 난데없이 왜 품격을 운운했을까요? 제 생각에는 후크가 어른이기 때문입니다. 어른의 마음속에는 이상적인 어른의 모습이 있죠. 후크는 늘 어리다는 이유로 피터 팬을 무시했습니다. 어린이라면 마땅히 보여야 할 어른에 대한 예의가 없기 때문에 더더욱 싫어했죠. 후크는 자신이 이상적인 어른과 거리가 멀다는 것을 알지만, 어린이는 무조건 어른을 존경해야 한다고 믿는 사람입니다. 요즘 말하는 '꼰대'에 가까운 것이죠. 그런데 어느 순간, 후크는 이상적인 어른에게나 있을 법한 품격을 피터 팬에게서 느낍니다. 후크에게는 정말 큰 충격이었을 것입니다. 젊음을 이겨낼 수 있는 단 하나의 가치인 '품격'을 어른인 자기가 아니라 어린 피터 팬이 갖고 있다니요!

피터 팬 혹은 작가는 품격이란 단지 어른의 전유물이 아니라 영원한 정신의 젊음이라고 말하는 듯합니다. 어린이가 쉼 없이 자라는 존재라면 품격 또한 완성품이 아니라 끝없이 자라나는 속성을 가졌을지 모릅니다. 인간으로서의 품격을 가진 사람이라면 겉모습과 상관없이 젊음과 기쁨을 잃지 않고 네버랜드로 갈 수 있다는 메시지일지 모르겠습니다. 이로써 네버랜드의 어린 존재들이 왜 늘 신나지만은 않으며, 때로 어른 못지않게 깊은 우울감에 빠지기도 하는지 설명이 될 것입니다.

"그림자가 몸에 안 붙어서 운거야. 아니, 그나저나 내가 언제 울었다고 그래?"
"그림자가 떨어졌어?"
"응."
그제야 바닥에 있는 너덜너덜한 그림자가 웬디의 눈에 들어왔다. 웬디는 피터가 몹시 불쌍해 보였다.

웬디가 피터를 처음 만나는 장면입니다. 피터는 떨어진 그림자를 찾으러 왔고, 그림자를 몸에 붙일 수 없어 훌쩍훌쩍 울기까지 했습니다. 어릴 적에는 그림자 같은 것을 잃어버렸다고 우는 피터를 이해할 수 없었습니다. 디즈니 만화와 5월이면 선보이는 연극 때문에 더더욱 알 수가 없었죠. 그러다가 점차 궁금증도 사라지고 결국 팅커 벨을 위해 박수치는 것도 잊은 어른이 되고 말았습니다.

답답한 어른으로서의 삶을 살다 문득 어린 시절의 빛이 그리워 꺼낸 책에서 피터 팬은 여전히 그림자를 찾고 있었습니다. 놀라웠습니다. 그림자 때문에 우는 피터 팬이란……

'어른이 되기를 거부하는 아이의 이야기'라는 5월의 어린이 연극 「피터 팬」의 광고 문구를 지우면 피터 팬이 나눠 주는 요정 가루를 언제나 볼 수 있습니다. 진짜 요정 가루 속에 나타나는 어린 시절의 풍경은 자신의 진짜 어린 시절입니다. 어린 시절, 여러분의 세계는 걱정도, 우울도 없이 즐거움과 행복만이 가득했나요? 피터 팬은 어린 시절을 꿈과 환상의 세계라고 말한 적이 없습니다. 피터 팬의 세계는 처음부터 밝음과 어둠이 공존하는 곳이었고, 그는 밝음과 어둠을 모두 잃지 말아야 한다는 것을 아는 품격 있는 존재였습니다.

어른의 세상과 마찬가지로 어린이의 세상도 빛나지만은 않습니다. 네버랜드는 인간의 품격을 잃지 않을 수 있는 곳일 뿐, 신나는 빛의 놀이터가 아니었습니다. 어른이 사는 세계와 그다지 다르지 않았습니다. 그런데 우리는 제멋대로 어린이는 빛의 존재라고,

완벽한 행복만이 가치 있는 삶이라고 믿어 버립니다. 행복하지 않은 시간, 그림자를 드리운 자신의 삶을 받아들이기 힘들어 합니다. 정신과 의사들은 우리가 살고 있는 모든 시간이 우리의 인생이며, 이것을 받아들여 통합할 수 있어야만 건강할 수 있다고 합니다. 불행한 상황이나 시기를 있는 그대로 받아들이지 못하면 삶은 더욱 불행할 수밖에 없습니다.

피터 팬은 그림자를 찾은 뒤에 춤을 춥니다. 그림자는 완전한 존재로서 없어서는 안 될 것이었기 때문입니다. 자신의 그림자를 몸에 꿰매 준 웬디 또한 그림자가 있습니다. 피터 팬과 웬디는 모든 시간을 자신의 시간으로 받아들이는 완전한 어린이들입니다. 그래서 그들은 네버랜드로 날아갈 수 있었던 것입니다.

우리도 팅커 벨의 요정 가루를 받을 수 있습니다. 행복하지 못한 시간 역시 자신의 것이라고 받아들일 수 있는 완전한 사람이라면 말이죠. 네버랜드는 가깝지 않지만 찾아갈 수 있습니다. 피터 팬은 주소를 정확히 말해 주었지요. 잊어 버리셨나요? 제가 알려 드리죠.

네버랜드, 오른쪽에서 두 번째 모퉁이를 돌아서 아침이 올 때까지 똑바로!

프리드리히 니체의 『차라투스트라는 이렇게 말했다』

어릴 적 제게 피터는 자유롭고 신나는 사내 아이였습니다. 하지만 왠지 다른 동화 속 친구들처럼 살갑게 느껴지지 않았습니다. 친구라고 하면 뭔가 동질감이 있어야 하는데, 피터는 본질적으로 우리와 다른 존재처럼 느껴졌습니다. 외계인도 아니고 요정도 아닌데, 그들만큼 이질적인 존재. 그 정체를 조금이나마 짐작하게 된 것은 니체*를 알게 된 다음이었습니다. 정확히는 『차라투스트라는 이렇게 말했다』를 읽은 다음이었죠.

미치광이에다 위험한 철학자, 니체에 대한 평가는 대체로 이 수사에서 벗어나는 경우가 없습니다. 니체의 책을 한 권만 읽어도 그런 느낌이 듭니다. 무엇보다 『차라투스트라는 이렇게 말했다』라는 제목 자체가 과대망상처럼 느껴지기도 하니까요. 예부터 대부분의 종교 서적들은 '~이렇게 말했다' 혹은 '~이렇게 들었다'로 시작합니다. 불경의 '여시아문如是我聞'은 부처의 제자들이 '나는 부

---

* 프리드리히 빌헬름 니체(Friedrich Wilhelm Nietzsche, 1844~1900)는 독일의 철학자이자 실존 철학의 선구자로 불린다. 기독교적·민주주의적 윤리를 약자의 노예 도덕으로 간주하고 강자의 군주 도덕을 찬미했으며, 그 구현자를 초인(超人)이라 명명했다.

처님으로부터 이렇게 들었다'로 시작하고, 성경도 '예수께서 이르시되~'로 시작하는 말씀이 많죠. 유교의 '공자왈子曰'도 '공자님께서 말씀하시기를~'이라는 뜻이고요. 그런데 '신은 죽었다'는 충격적인 선언을 한 책 치고 『차라투스트라는 이렇게 말했다』는 너무 종교적인 제목이라는 생각이 듭니다.

세계는 이 책을 전후로 나눌 수 있습니다. 모든 사람이 눈치만 보고 있던 내용을 소리쳐 선언한 이 책 이후, 모든 인간은 스스로 자립하는 법을 배워야 했습니다. 기둥이 사라졌을 때의 황망함으로 이 책을 읽는다면 자칫 굉장한 굴욕감을 느낄 수 있습니다. 기댈 데가 사라진 사람은 지푸라기에라도 의지하고 싶은 법인데, 니체는 매번 그런 마음을 손가락질하며 비웃어 댑니다. 산에서 내려온 차라투스트라가 모든 권위와 상식과 진리가 얼마나 위선적이고 허구적인지 들춰 내기 때문이죠. 그런데 그 과정이 마치 『피터 팬』을 읽은 다음처럼 통쾌하면서도 생경하기만 합니다.

"나는 젊음이요, 기쁨이다. 나는 알을 깨고 나온 작은 새다."

어른이 되어 피터의 이 선언을 읽었을 때, 저는 제임스 배리가 분명히 니체를 알았을 것이라고 생각했습니다. 사실, 현실에서 피터 팬 같은 어린이를 보기란 쉽지 않습니다. 비슷한 아이로 '삐삐'를 생각한 적도 있지만, 삐삐조차도 친구와 해적 아빠의 이야기에 귀를 기울입니다. 하지만 피터는 좋아하는 웬디의 말조차 따를 수 없는 순도 100%의 자유로운 영혼이죠. 그러니까 피터 팬은 단순히 어른이 되기를 싫어하는 어린이라기보다 니체의 초인超人 혹은 위버멘쉬Übermensch에 가깝습니다. 인간이지만, 인간을 초월한 존재, 초월하되 신이 되지 않는 존재. 철학책으로 읽혀지기 때문인지, 우리에겐 니체의 위버멘쉬가 근엄한 이미지를 갖고 있습니다.

슬프다! 인간이 동경의 화살을 더 이상 자신의 너머로 쏘지 못하고, 윙윙거리며 활시위를 울리게 할 줄도 모르는 그런 때가 머지않아 오겠구나!
그대들에게 말하거니와, 춤추는 별을 낳으려면 인간은 자신 속에 혼돈을 간직하고 있어야 한다.
슬프다! 인간이 더 이상 별을 낳지 못하는 때가 오겠구나! 슬프다! 자기 자신을 더 이상 경멸할 줄 모르는, 경멸스럽기 그지없는 인간들의 시대가 오고 있다!

하지만 위버멘쉬는 자신 안의 그림자를 소중히 여기며 춤추는 팅커벨을 품고 있는 피터 팬, 영원한 젊음과 기쁨을 누리는 피터 팬과 많이 닮은 듯합니다. 차라투스트라는 세상의 모든 권위를 의심하고 춤출 것을 권합니다. 하기야, 신이 죽은 마당에 어떤 권위가 효력이 있겠습니까?

정신이 더 이상 주인으로 신으로 여기지 않으려는 거대한 용은 무엇인가? 너는 해야 한다. 이것이 그 거대한 용의 이름이다. 그러나 사자의 정신은 이에 대항하여 "나는 원한다"라고 말한다.

너는 해야 한다는 황금빛으로 번쩍이며 정신의 가는 길을 가로막는다. 그것은 비늘 짐승으로서 그 비늘마다 '너는 해야 한다!'라는 명령이 금빛으로 빛나고 있다.

천 년 묵은 가치가 이 비늘들에서 빛난다. 그리하여 모든 용들 가운데서 가장 힘센 용이 말한다. "사물들의 모든 가치, 그것은 나에게서 빛난다"라고.

"모든 가치는 이미 창조되었다. 모든 창조된 가치, 그것이 바로 나다. 진실로 말하노니 나는 원한다라는 요구는 더 이상 있어서는 안 된다!" 용은 이렇게 말한다.

형제들이여, 정신에 있어서 사자는 무엇 때문에 필요한가? (…) 새로운 창조를 위한 자유의 획득. 이것은 사자의 힘이 할 수 있는 일이다.

자유를 쟁취하고 의무 앞에서도 신성하게 아니요, 라고 말할 수 있기 위해서는, 형제들이여, 사자가 되어야 한다.

피터 팬은 길들일 수 없는 존재입니다. 사실, 용기가 없다면 동경해서도 안 되는 존재죠. 하지만 헛된 권위와 우리를 착취하는 속임수에 취해 노예로 전락하고 있지 않나 의심이 들 때, 한번쯤 네버랜드 쪽을 쳐다볼 필요는 있습니다. 네버랜드가 너무 즐겁고 시끌벅적해서 목적을 잊어버릴 것 같다거나, 알록달록한 그림이 가득한 책을 들고 있는 것이 민망하다면 『차라투스트라는 이렇게 말했다』를 읽어도 좋습니다.

제2부

동화로
내가 모르는
세상을
풀다

I.

행복의 풍경은 하나가 아니다

프랜시스 버넷의 『소공녀』 — 장 지글러의 『탐욕의 시대』

"이제 죽을 것 같아. 몸은 마구 떨리고 배가 고파 쓰러질 것 같아. 오늘은 비바람 속을 하루 종일 걸었어. 그런데도 야단만 맞았지. 요리사 아줌마는 밥도 안 주었어. 게다가 아이들은 나를 비웃어댔지. 에밀리, 너 듣고 있니?" — 동화 『소공녀』

이들의 이익은 현재 이들 나라에서 왕성하게 활동 중인 거대 다국적 민간 기업들의 이해와 밀접하게 연결되어 있다. 거대 다국적 기업들은 국가의 기본적인 이해관계, 국민들의 생존과 직결된 수요 따위엔 아랑곳 하지 않는다. (…) 그럼에도 불구하고 이들은 국민들을 상대로 말할 기회가 있을 때마다 누구보다 애국심에 불타는 연설을 늘어놓는다. — 인문학 『탐욕의 시대』

프랜시스 버넷의 『소공녀』

귀한 신분이었다가 하루아침에 바닥으로 떨어져 갖은 고생을 하는 주인공의 이야기는 재미있습니다. 주인공이 수많은 역경을 이겨 내고 마침내 자신의 자리를 되찾았다는 이야기는 독자의 마음을 사로잡죠. 이런 이야기는 대부분 주인공의 행복한 결말을 확인하면서 끝이 납니다. 프랜시스 버넷*이 쓴 『소공녀』도 이런 내용의 동화입니다.

소공녀小公女, 어렸을 때는 이 단어가 낯설고 어려웠습니다. 모두가 똑같은 '딸'이 아니라니……. 이 책을 읽기 전까지는 소공녀, 영애令愛, 영양令嬢 등 귀한 집안의 딸을 부르는 말이 따로 있다는 것

● 프랜시스 호지슨 버넷(Frances Eliza Burnett, 1849~1924)은 영국에서 태어난 미국 여성 작가다.

을 몰랐습니다. 의도하진 않았지만 이 책을 통해 저는 호칭의 계급성을 배운 셈입니다. 그러고 보면 계급이나 계층에 대한 이해도 '교육'의 한 부분인가 봅니다. 교육의 목적 중 하나가 사회 적응이라면 필요한 일인지도 모르지요. 어릴 적에는 지식을 배우는 것이 교육이라 믿었지만, 사실 교육은 이미 존재하는 사회 시스템에 무리 없이 적응시키기 위한 목적이 더 큽니다. 한마디로 '신참 길들이기'라고 할까요?

아무튼 저는 이 동화를 읽으면서 사회에는 귀한 집안과 귀하지 않은 집안이 있다는 것도 알게 되었습니다. 어린 시절에는 누구나 주인공에 감정 이입을 하니까, 옳고 그름을 생각하기도 전에 소공녀 세라의 매력에 빠져들었고요.

『소공녀』는 딱딱한 겉표지가 떨어져 없어질 만큼 수없이 읽은, 제 어린 날의 동화 중 한 권입니다. 예쁘고 착한 세라가 아버지를 잃고, 다니던 기숙 학교의 하녀로 일하는 모습이 얼마나 가슴 아팠는지 모릅니다. '작은 공주님' 시절에는 싫은 소리 한마디도 못 하던 교장 선생이 아버지를 잃은 세라를 구박하는 장면에서는 분개했고, 처지가 바뀐 세라에게 진정한 우정을 보여 준 아멘가드와 하녀 베키를 보며 함께 가슴이 따뜻해지는 것을 느꼈습니다. 아버지가 마지막으로 선물해 준 살아있는 듯한 인형 에밀리는 또한 얼마나 갖고 싶었는지요. 모두가 싫어하는 쥐에게 멜키세덱이라는 신비로운 이름을 지어 주고, 그와 친하게 지내는 세라는 정말 특별한 아이 같았습니다.

구김살 없는 성격에 책을 많이 읽는 세라는 남보다 상상력이 풍부해서 부자일 때도 남의 처지를 잘 이해했습니다. 그리고 이런 장점은 역경에 처했을 때도 용기를 잃지 않고 밝게 살 수 있는 원동력이 되어 주었습니다.

세라에게 용기를 주는 주문과 같은 말은 '~하는 셈치고'였습니다. '여전히 공주인 셈치고, 공주가 어려움을 경험하는 것이라 셈치고…….' 이런 자기암시로 세라는 아무리 굴욕적인 상황이라도 고개를 들 수 있었고, 작은 일에 비굴해지지 않을 수 있었습니다. 세라의 주문은 다 큰 어른인 제게도 쓸모가 많았습니다.

세라는 부자일 때는 한 번도 공주 행세를 한 적이 없습니다. 사실 그럴 이유가 없었던 것이죠. 사람들이 모두 공주처럼 대해 주는데, 굳이 티를 낼 필요가 없다는 것을 알 만큼 세라는 지혜로웠죠. 세라는 사람들이 겉모습이나 배경만으로 사람을 평가한다고 생각했기에 진짜 기품 있는 사람이 되려고 노력했습니다. 이러한 노력은 세라의 환경이 볼품없어지고서야 빛을 발합니다.

세라가 자신을 공주라고 생각하기 시작한 것은, 주변 사람들이 그녀를 예전과 달리 대할 때부터였습니다. 세라는 왜 그때 자신의 정체성을 재정립했을까요? 그것은 초라해진 상황에서 자존감을 지키기 위한 방편이었을 것입니다. 남의 눈만 의식하는 사람은 다른 사람의 평가에 의해 빛나기도 하고 초라해지기도 합니다. 하지만 진정으로 자신을 사랑할 줄 아는 사람은 다른 사람이 무어라 하든 흔들리지 않습니다. 아무리 주변에서 칭찬한다 해도 자신에게 냉정할 수 있고, 반대로 손가락질을 한다고 해도 스스로를 비하하지 않습니다. 어린 세라는 바로 그 이치를 잘 알고 있었던 것이죠.

하지만 가난한 고아 소녀가 꿈과 희망을 잃지 않고 지내기에 자본주의 초기의 영국은 끔찍했습니다.

> 그날 밤, 추위와 배고픔에 지쳐 다락방으로 돌아온 세라는 더 참을 수가 없었습니다. 세라는 에밀리를 안고 울음을 터뜨렸습니다.
> "이제 죽을 것 같아. 몸은 마구 떨리고 배가 고파 쓰러질 것 같아. 오늘은 비바람 속을 하루 종일 걸었어. 그런데도 야단만 맞았지. 요리사 아줌마는 밥도 안 주었어. 게다가 아이들은 나를 비웃어댔지. 에밀리, 너 듣고 있니?"

춥고 배고픈 세라의 지친 하루가 눈에 선하게 그려져 있습니다. 1849년에 태어난 작가는 자본주의가 시작된 영국, 그 중에서도 대표적인 공업 도시인 맨체스터의 부유한 상인의 딸로 태어났습니다. 신흥 부르주아로서 부족할 것 없이 행복한 유년 시절을 지냈던 버넷은 네 살에 아버지가 돌아가시면서 집안이 몰락합니다.

어머니의 힘으로 어렵게 살아갔지만, 끝내 미국으로 이주한 것을 보면 생계를 유지하기가 쉽지 않았나 봅니다. 돈은 본래 인간의 사정을 봐주지 않지만, 초기 자본주의의 추악함은 상상 이상이었습니다.

자본주의가 무르익은 20세기에 어린 시절을 보낸 저는 그저 이야기의 세계라고 생각했지만, 어른이 되어 읽은 동화는 좀 더 다르게 읽혔습니다. 이 시대 영국 하층민의 끔찍한 가난을 잘 그려낸 작가로 찰스 디킨스*를 들 수 있습니다. 그가 쓴 『올리버 트위스트』는 동화답게 마무리되기는 하지만, 추악한 자본주의의 비인간적인 모습을 아주 잘 그려내고 있죠. 버넷의 『소공녀』에서도 아동 노동이나 빈곤을 그리고 있지만 디킨스의 책과 달리 그저 소재로 쓰일 뿐입니다. 그래도 시대상이 드러나는 것은 어쩔 수 없습니다.

앞서 인용한 부분은 『소공녀』에서 거의 유일하게 세라가 이성을 잃은 장면입니다. 사랑하는 에밀리마저 던져 버리고 흐느껴 울던 세라는 슬픔을 억누르고 추운 이불 속에서 잠이 듭니다. 세라가 한계에 다다랐다는 것이 느껴집니다. 춥고 배고프고 미래에 대한 희망도 없는 고아 세라는 절망을 받아들이며 잠들었을지 모릅니다.

● 찰스 존 허펌 디킨스(Charles John Huffam Dickens, 1812~1870)는 영국의 소설가로, 주로 가진 자에 대한 풍자와 인간 생활의 애환을 그렸다.

어린 시절의 저와 마찬가지로 많은 독자들이 세라가 불행하다고 생각했을 것입니다. 그리고 어린이답게 세라에게 제발 좋은 일이 벌어지기를 기다렸을 것입니다. 어린 독자들은 무엇을 기대했을까요? 아버지가 살아있다는 기적 같은 소식을 기다렸을까요? 경찰이 찾아와 나쁜 학교에서 학대당하고 있는 세라와 베키를 구해 주기를 기대했을까요? 영국 정부가 아동 학대를 방지하는 법안을 만들고, 보호자가 없는 아이들이 불법 노동에 시달리지 않도록 실태를 파악하여 그들을 위한 제도를 만들기를 기대했을까요? 아마도 마지막 방법을 떠올린 아이들은 별로 없을 것입니다. 그러기엔 아직 세상을 모르니까요.

작가 또한 마지막 방법은 생각하지 못한 것 같습니다. 왜냐하면 작가는 자본주의의 폐해에 대해 깊이 생각하지 않았기 때문입니다. 그래서 가난의 원인이 무엇인지, 인간의 운명 중 어떤 것을 바꿀 수 있는지, 책 속에 그리지 않았습니다. 작가는 현실을 그대로 받아들였고, 운명은 정해져 있다는 생각을 했던 것 같습니다.

> 지난날 인도에서 살던 생각이 떠올랐습니다. 람다스와 같은 인도 하인들이 자기 앞에 허리를 굽실거리던 일들이 꿈처럼 되살아 올랐습니다.

작가는 '인도의 하인'이라는 말을 아무 비판 의식 없이 씁니다.

사실 세라의 아버지가 죽게 된 이유가 인도의 광산에서 무리를 한 탓이니 작가는 식민지 경영을 바탕으로 부를 축적하는 일에 아무런 문제의식이 없었다고 할 수 있습니다. 인도인을 하인으로 부리는 것이 이상하지 않듯, 영국의 하층민이 가난한 것도 문제라고 생각하지 않았을 것입니다.

> 옆집 문 앞에 훌륭한 말이 끄는 마차가 서 있었습니다. 따뜻한 털외투를 입은 세라와 캘리스퍼드 씨가 마차에 올라탔습니다. 그 뒤를 이어 베키도 올라탔습니다. 살이 통통하게 진 베키의 얼굴에는 즐거움이 넘치고 있었습니다.

　세라가 다시 공주처럼 부유해진 후, 베키는 세라와 함께 옆집으로 옮겨 갑니다. 하지만 베키는 여전히 하녀입니다. 자본주의 초기 부르주아 사회에서 태어나 자란 작가답게 그는 어린이 노동을 특별히 나쁘다고 생각지 않습니다. 비판은 다만 '좋은 주인'이냐 '나쁜 주인'이냐를 향할 뿐입니다.

　세라는 행복해집니다. 세라의 이야기를 읽던 독자도 안도감을 느낍니다. 그리고 은연중에 행복은 물질적 풍요라고 생각합니다. 춥고 썰렁한 세라의 다락방에 펼쳐진 마법도 물질의 풍요입니다. 따뜻한 이불, 멋진 옷, 풍요로운 먹을거리, 타닥타닥 지펴진 벽난로…… 이 모든 것이 어린 독자에게는 행복의 이미지가 됩니다.

굶주림과 넝마주이 옷은 불행이고 풍성한 먹거리와 좋은 옷은 행복입니다. 불행의 반대 지점에는 물질적 풍요가 있습니다.

굶주림과 헐벗음. 인류는 수천 년간 이 문제를 해결하기 위해 애썼습니다. 그러니 불행의 현장은 곧 가난의 현장이었습니다. 가난은 죽음과 직결되는 무서운 질병과도 같았지요. 때문에 인간이 상상한 행복에는 풍요로움이 빠지지 않습니다. '등 따시고 배부른' 것이 행복의 전부인양 인류의 머릿속에 새겨졌습니다. 통계적으로만 보자면 인류가 굶주림을 면할 만큼의 식량을 생산한 것은 100년도 안 된 이야기입니다. 그러나 분배의 문제 때문에 지금 이 시간에도 수많은 어린이가 굶주리고 학대받고 있지요. 그러니 물질적 풍요가 행복의 진부라고 말할 사람이 많아도 이상한 일이 아닙니다.

하지만 물질적 풍요 그 자체가 행복이 아니라는 것을 대부분은 압니다. 극단적인 가난을 피한 상황, 풍요가 아니라 먹고살 만한 정도의 물질은 그저 행복의 조건 가운데 하나일 뿐이죠. 그런데 우리는 마치 물질적 풍요가 궁극의 행복이며, 풍요로움을 넘어 사치스러울 정도가 되어야 진실로 행복하다는 이데올로기에 세뇌당한 상태로 어른이 되어 평생을 살아갑니다. 그리고 이 잘못된 이데올로기를 끝없이 퍼뜨리며 아이들을 숨 막히게 만들기도 합니다.

"학교를 그만두고 싶어도 부모님께서 어떻게 성공할 거냐고 물으면 할 말이 없어서, 아무 말 못하고 있어요."

어느 날, 열일곱 살 친구에게 이런 고민을 들은 적이 있었습니다. 제가 쓴 청소년 소설의 독자로 만났던 그 친구는 저보다 훨씬 어른스러웠습니다. 모든 면에서 주체적으로 고민하는 모습이 제 열일곱과는 비교할 수 없을 정도로 진지했죠. 과연 그 친구보다 제가 어른이라고 할 수 있을지 늘 헷갈렸지만, 그래도 저를 필요로 하면 그 곁에서 이야기를 들어주곤 했습니다.

"왜?"

제가 되물었습니다.

"고민했는데, 솔직히 모르겠어요. 어른들은 학교를 제대로 졸업하지 않으면 성공하지 못한다고 하잖아요. 학교는 아닌 것 같은데, 다른 방법이 뭐냐고 물으면 말이 막히는 거예요."

저도 낯설지 않은 화두였습니다. 사람들이 말하는 방법을 벗어날 때, 누구나 같은 고민을 하게 되겠죠. 저는 그동안 저를 괴롭히고 헤매게 만든 질문, 그러나 여전히 답을 찾지 못한 질문을 그 친구에게 던졌습니다.

"왜 성공을 해야 하는데?"

"성공해야 행복하잖아요."

친구는 제가 생각했던 과정을 그대로 밟고 있었습니다. 저는 제게 했듯이 다음 과정의 질문을 던졌습니다.

"행복이 뭔데?"

"네?"

"구체적으로 말이야. 네가 생각하는 행복의 풍경은 어떤 거야? 괜찮은 차? 서울에 있는 고급 아파트?"

"…… 비슷한 거 아니에요?"

"가진 것의 합이 행복일까? 네 행복은 그런 거니?"

열일곱 살 친구는 입을 다물었습니다. 마치 저의 옛 모습을 보는 듯 했죠. '행복'을 입에 달고 사는 현대인이지만, 사실 행복의 구체적인 풍경을 그릴 수 있는 사람은 몇이나 될까요? 저는 행복의 풍경을 그리려 몇 번을 고민한 끝에 우리가 세뇌된 행복에 길들여져 있다는 결론에 다다랐습니다. 초등학생을 대상으로 한 교육에서부터 아름다움을 추구하는 예술에 이르기까지, 물질적 풍요와 편리함이 곧 행복이라고 우리에게 강요합니다. 자본주의 사회의 유토피아가 곧 우리의 행복이 되어 버린 것입니다.

물론 물질적 풍요가 곧 행복이 아니라는 것을 눈치챘다고 해서 바로 자신만의 행복을 그릴 수 있는 것도 아닙니다. 하지만 우리가 그리는 행복의 풍경이 우리 자신이 그린 것이 아니라는 것을 깨닫는 것만으로도 다행이라고 저는 생각합니다. 저만 해도 행복에 대해 의문을 품고, 그것을 깨닫기까지 부단히 많은 가르침을 받아야 했습니다. 그 가르침을 주신 분 중에서 대표적인 스승이 『강의: 나의 동양 고전 독법』을 쓰신 신영복 교수였습니다. 선생은 그 책에서 아주 오래된 가르침을 발굴해서 우리 앞에 펼치고 있습니다.

> (신세대에게) 한마디로 무일은 불편함이고 불편은 고통이고 불행일 뿐이지요. 무엇보다도 불편함이야말로 우리의 정신을 깨어 있게 하는 것이라는 깨달음이 없는 것이지요. 살아간다는 것이 불편한 것이고, 살아간다는 것이 곧 상처받는 것이라는 성찰이 없는 것이지요.

'무일無逸'이란 동양고전인 『서경』의 「주공」편에 나오는 개념입니다. 신영복 교수는 이 개념을 통해 행복만이 세상의 존재 이유이며, 물질적 풍요가 곧 행복이라는 이데올로기를 전면 부정합니다. 이 가르침은 우리뿐 아니라, 자라나는 세대의 삶의 질을 위해 매우 중요한 가르침입니다.

만일 주위에 어린이가 있다면 대화해 보십시오. 그 아이가 얼마나 물질 중심적인지 깨닫는 순간, 깜짝 놀라게 될 것입니다. 어른보다 아이가 바이러스에 치명적인 것처럼, 이 사회의 병든 이데올로기에 가장 취약한 것도 어린아이입니다. 다가오지 않은 미래에 대해 물질적인 것밖에 꿈꾸지 못하는 아이들, 그들의 모습이 바로 우리이기도 합니다.

행복해지기 위해서 우리는 행복을 다시 생각해 볼 필요가 있습니다. 부자가 되면 행복해질까요? 우리가 생각하는 행복, 그 이미지를 만든 것은 우리 자신일까요? 혹시 누군가에 의해 감염된 것을 행복이라 믿는 것은 아닐까요?

세라는 행복해졌다고 작가는 썼습니다. 금광을 소유한 아버지 친구가 세라의 법적 후견인이 되었습니다. 세라는 아버지의 몫 외에도 미혼인 아버지 친구의 재산까지 상속받게 될 것입니다. 굶주림과 추위에 시달렸던 세라는 친구들과 함께 행복한 생활을 할 뿐 아니라, 어려웠던 시절을 생각하며 봉사 활동에도 앞장섭니다. 부유하고 윤택해진 세라, 하지만 세라는 분명히 행복해졌을까요?

세라의 환경에서 변한 것은 경제 상황 뿐입니다. 세라는 여전히 고아이고, 후견인에게 전적으로 의지하고 있습니다. 앞으로 많은 일이 세라 앞에 벌어질 것입니다. 작가는 경제적 어려움을 벗어나자마자 세라의 행복을 단언했지만, 세라는 왠지 동의할 것 같지 않습니다. 경제적인 문제만이 그녀의 행복을 결정한다면, 그녀는 앞으로 돈만 아는 숙녀로 성장하겠죠. 하지만 기품 있는 그녀는 진지하게 스스로의 미래를, 행복의 풍경을 그려냈을 것만 같습니다. 결코 행복하다고만은 할 수 없는 긴 시간 동안 말이죠.

장 지글러의 『탐욕의 시대』

내가 가진 것의 합으로 행복의 풍경을 채우는 일은 위험해 보입니다. 물질이 모든 것의 이유가 되면 기품 따위는 쉽게 버려질 수 있으니까요. 그것은 한 사람의 비루함으로만 끝나지 않습니다. 필요 이상의 부와 재화는 필연적으로 누군가의 결핍을 초래합니다. 또 어떤 순간이 되면 자신의 가치관을 시험하게 만들기도 합니다.

몇 가지 예를 들어 볼까요? 하청 업체에게 뇌물을 받는 일, 엄청난 돈을 손에 쥐는 대가로 자신이 몸담은 기업의 비밀을 파는 일, 기업이나 정부의 지원금을 위해 과학적 결과를 왜곡하는 일⋯⋯. 돈만이 목적이라면 고민할 필요가 없는 일이지만, 대부분의 사람들은 머뭇거리거나 돈을 포기합니다. 돈보다 더 큰 가치가 있기 때문이죠. 인간으로서의 품격 말입니다.

하지만 신자유주의가 기승을 부리면서 우리는 기품을 지키는 일에 불안함을 느낍니다. 인간으로서의 품격을 선택한 결과로 심각한 경제적 어려움을 겪는 이들의 예를 보면 더욱 그렇죠. 가까이는 구제 금융 사태 때가 그랬고, 더 오래 전에는 식민지 경험이 우리의 가치를 왜곡시켰습니다. 인간으로서의 도리 대신 부와 안

일을 위해 동포를 배신한 사람들이 독립 후에도 떵떵거리며 사는 모습을 보며 우리의 할아버지와 할머니들은 무슨 생각을 했을까요? 나아가 독립운동을 한 분들이 핍박당한 현대사를 통해 우리의 가치는 얼마나 훼손이 되었을까요? 그러나 이러한 일이 우리에게만 벌어진 것은 아닙니다.

장 지글러의 『탐욕의 시대』를 읽으면 신자유주의를 이끄는 선봉자들, 그러니까 상위 1%라 불리는 사람들의 탐욕이 수많은 가치를 훼손시켰다는 것을 알게 됩니다. 장 지글러는 주로 라틴 아메리카를 예로 들며 그 탐욕의 실체를 해부하지만, 우리에게도 전혀 낯설지 않습니다. 라틴 아메리카의 경제를 좌우한 매판 상인들은 유럽의 식민 지배를 도왔던 세력입니다. 자신의 땅에서 태어난 동포들을 외면한 채 지배자들에 협조한 그들은 독립을 쟁취한 후에도 사죄는커녕 또다시 동포들을 배반합니다. 그 이유는 미국 때문인데, 남아메리카의 지배력을 높여야 했던 미국 정부가 지식과 기술을 갖고 있던 사람들―유럽 식민지 때 동포를 배반한 지식인, 상인, 군인 등―을 재기용했기 때문이죠. 이것이 현재 라틴아메리카의 거대한 부를 소유한 라틴아메리카의 기생충 '콤프라도르comprador'의 형성 과정입니다. 식민지 시대를 겪은 제국주의 피해 국가이면서도 국제 정세로 인해 내전을 경험해야 했던 대한민국의 역사와 겹치는 부분이 많죠. 친일파 후손과 쿠데타 시대에 부를 쌓은 이들과 금융 자본에 영혼을 판 이들이 우리에게도 낯설지 않습니다.

매판 상인이란 정확하게 누구를 지칭하는가? 두 가지 부류의
사회 계층을 지칭한다고 할 수 있다. 우선 첫 번째 부류. 식민지
시대엔 외국 주인들이 원주민 보좌관들을 필요로 했다. (…) 이
들은 식민지 시대의 마감과 더불어 세워진 독립 국가의 신진
지도 계급이 되었다.

두 번째 부류. 남반구 국가들의 대다수는 오늘날 경제적으로
외국 자본과 거대 다국적 민간 기업들의 지배를 받고 있다. 외
국의 열강들은 채무국 현지에서 지도자와 현지 간부들을 고용
하며. 이들은 현지에서 일어나는 상거래를 위하여 현지 변호사
들과 기자들에게 자금을 댄다. 이들은 또한 겉으로 드러나지
않게 주요 군 장성 및 경찰 수뇌부들과 밀접한 관계를 유지한
다. 이들이 바로 매판 상인들의 두 번째 부류다.

(…) 이들의 이익은 현재 이들 나라에서 왕성하게 활동 중인 거
대 다국적 민간 기업들의 이해와 밀접하게 연결되어 있다. 거
대 다국적 기업들은 국가의 기본적인 이해관계, 국민들의 생존
과 직결된 수요 따위엔 아랑곳하지 않는다.

(…) 그럼에도 불구하고 이들은 국민들을 상대로 말할 기회가
있을 때마다 누구보다 애국심에 불타는 연설을 늘어놓는다.

식민지와 전쟁을 거치면서 우리나라 사람들은 먹고살기만 하면 행복해질 것이라 생각했습니다. 그때의 가난은 절대적인 것이었으니 그 행복관을 이해하기는 어렵지 않습니다. 하지만 경제 개발이 시작되면서 가난은 상대적인 것이 되었고, 신자유주의로 넘어가면서 인간이 소비를 하는 것이 아니라, 소비를 위해 인간이 존재하는 듯한 형국으로 변했습니다. 신자유주의가 계속 인간의 행복을 유예시키고, 더 많은 것을 바라게 만들 수 있는 것은 아마도 인간 내부에 탐욕이 있기 때문일 것입니다. 신자유주의의 선전물은 손만 대면 닿을 수 있을 것 같은 곳에 욕망하는 모든 것을 보여 주고 있으니까요. 하지만 일반 사람 중에서 탐욕을 위해 모든 가치를 훼손한 신자유주의의 선봉자들을 따라잡을 수 있는 분은 없을 것 같습니다. 그러니까 인간으로서의 기품이 필요하다고 생각한다면, 잠깐 생각해 볼 필요가 있습니다. 내가 행복해지기 위해 나는 얼마나 더 큰 부와 재화가 필요한가요? 지금 이대로는 부족한가요, 행복을 느끼기에는.

2.

21세기 마녀의 거울

그림 형제의 『백설 공주』 - 기 드보르의 『스펙타클의 사회』

"앗!"

비명을 지르던 왕비는 창가에 떨어진 붉은 핏방울을 보며 중얼거렸습니다.

"눈처럼 하얀 피부, 핏방울처럼 붉은 입술, 그리고 이 창틀처럼 새카만 머리카락을 가진 공주를 낳으면⋯⋯." **- 동화 『백설 공주』**

일반적 역사적 삶에 빠져 있는 또 하나의 측면은 개인적 삶이 아직까지도 아무 역사를 갖지 않고 있다는 점이다. 스펙타클적 각색 속에서 쏜살같이 지나가는 사이비 사건들은 그 사건들을 알고 있는 사람들이 체험한 사건들이 아니다.

— 인문학 『스펙타클의 사회』

그림 형제의 『백설 공주』

　　　　　　　　　　　　어느 것 하나 부러울 것 없는
왕비는 세상에서 가장 어여쁜 공주가 태어나기를 기도했습니다.
보통 아이를 품은 어머니는 아이가 부모로부터 가장 좋은 것만 물
려받기를 소원한다니, 장차 태어날 아기가 예쁘기를 바라는 것은
인지상정이겠죠. 하지만 백설 공주의 친 엄마도 자신이 세상에서
가장 유명한 공주를 낳으리라는 것은 꿈에도 몰랐을 것입니다. 어
쩌면 징조가 좋지 않았을지 모릅니다. 왕비는 단지 예쁜 공주를
원하는 평범한 여자는 아니었던 것 같습니다. 왜냐고요? 다음 문
장을 보면 금방 이해가 될 것입니다.

　　눈이 펄펄 날리는 어느 날, 바느질 하던 왕비는 창가에서 아무

도 밟지 않은 눈 쌓인 정원을 보았습니다. 그런데 하얗게 흩날리는 눈발에 정신이 팔린 나머지 그만 바늘로 자신의 손가락을 찌르고 말았습니다.

"앗!"

비명을 지르던 왕비는 창가에 떨어진 붉은 핏방울을 보며 중얼거렸습니다.

"눈처럼 하얀 피부, 핏방울처럼 붉은 입술, 그리고 이 창틀처럼 새카만 머리카락을 가진 공주를 낳았으면……."

왕비처럼 고귀한 신분의 여성은 작은 상처에도 민감했을 것이 분명합니다. 그러나 왕비는 피가 뚝뚝 떨어질 정도로 상처를 입었는데도 상처를 치료하기는커녕 아름다움에 대한 몽상을 합니다. 사소하지만 의미심장한, 눈 오는 날의 이 작은 사고로 백설 공주 이후의 수많은 공주는 저주에 걸립니다. 아름다움을 염원한 어머니가 백설 공주를 낳고, 얼마 지나지 않아 죽습니다. 자신의 염원을 옆에서 들은 듯, 지고의 아름다움을 타고난 딸을 두고 말이죠.

그림 형제*가 쓴 『백설 공주』 이후의 이야기는 누구나 알고 있죠. 왕은 새 왕비를 맞이하는데, 마법 실력이 대단하여 왕국을 마음대로 통치합니다. 그러니 백설 공주의 운명은 바람 앞의 등잔불

● 그림 형제는 둘 다 독일의 문헌학자이자 언어학자다. 형은 야콥 그림(Jakob Ludwing Carl Grimm, 1785~1863)이고, 동생은 빌헬름 그림(Wilhelm Grimm, 1786~1859)이다.

입니다. 설화와 전설을 차용한 동화에 나오는 계모들은 일관되게 못됐는데, 대부분 이유가 없습니다. 그런데 백설 공주의 계모만은 개성이 철철 넘칩니다. 자기 행동의 이유도 뚜렷합니다. 친자식에 대한 편애라는 그런 일그러진 모성을 내세워 일말의 동정심을 유발하지도 않습니다.

아름다움! 타인에 대한 새 왕비의 유일한 평가 기준입니다. 그런데 백설 공주가 숙녀가 되자, 사람들의 웅성거림에 왕비의 마음이 흔들립니다.

"저 하얀 피부는 세상에서 다시 볼 수 없을 거야."

"귀여운 미소는 또 어떻고? 붉은 입술 사이로 이가 드러나도록 미소를 지으실 때마다 온 세상이 황홀해지지."

"저토록 청순하고 아름다운 공주님은 세상에 다시 없을 거야."

아름다움에 관한한 최고라고 자부했던 새 왕비는 차츰 자신감이 없어집니다. 새 왕비는 불안을 잠재우기 위해 비밀의 방으로 갑니다. 그곳에는 거울이 있죠. 목에 칼이 들어와도, 아니 산산이 깨져도 진실만을 말한다는 그런 거울 말입니다.

"거울아 거울아, 이 세상에서 누가 제일 예쁘지?"

듣는 순간 따라하고 싶어지는 세계적인 유행어입니다. 그런데 여러분이라면 이 거울을 어떻게 사용하시겠습니까? 진실을 말해 주는 이 신통방통한 거울 앞에서 왕비가 물어보는 것이라곤 고작 미인 순위뿐입니다. 왕비 정도면 미인 대회 참가자들처럼 '세계 평화를 이룰 방안' 같은 것을 물어봐야 하지 않을까요? 각설하고, 거울은 늘 진실합니다. 처음에는 왕비가 가장 예쁘다고 말하다가 어느 날부터는 백설 공주가 가장 예쁘다고 말하죠. 그리하여 새 왕비는 궁궐에서 백설 공주를 내쫓고, 목숨까지 빼앗으려고 합니다.

동화답게 이 전쟁의 승리자는 백설 공주입니다. 그녀가 행복해지기까지 두 번의 우연한 만남이 있습니다. 한 번은 난장이와의 만남이고, 두 번째는 멋진 왕자와의 만남입니다. 외부 세력에 지극히 폐쇄적인 난장이들도, 숲속을 헤매다가 백설 공주의 유리관을 발견한 왕자도 너무 쉽게 마음을 엽니다. 일곱 명이나 되는 난장이들과 왕자, 그녀를 죽이라는 명령을 받은 사냥꾼까지 그러합니다. 왜 그들은 하나같이 백설 공주에게 관대했을까요? 바로 백설 공주의 미모 때문입니다. 그렇다면 새 왕비는 못생겼을까요? 거울이 말하기를, 새 왕비는 세상에서 두 번째 미인이라고 했습니다. 추녀라는 것도 아니고 세상에서 두 번째로 예쁘다는데, 그 정도면 웃어넘길 만도 한데, 새 왕비는 용납하지 못합니다. 그래서 결국 마녀라는 본색을 드러내어 스스로를 위험에 빠뜨리죠.

어쨌든 백설 공주는 동화의 정석답게 "그 후로도 오래오래 행복하게 살았습니다"라며 서둘러 막을 내립니다. 하지만 정말로 그럴까요? 많은 어른들은 그렇지 않았을 것이라고 생각했습니다. 그래서 백설 공주에 대한 패러디 작품이 생겨났죠. 백설 공주의 옛 남자인 난장이들 때문에 결혼 생활이 파탄에 이른다는 내용의 만화도 있습니다. 이야기 속의 공주와 왕자의 판단 기준이 미모뿐이니 그럴 만도 하다는 생각이 듭니다.

한심한 이야기지만, 여자아이들은 이처럼 동화라는 형태로부터 "예쁜 게 착한 것", "여자는 무조건 예뻐야", "예쁘면 용서 된다" 식의 농담을 가장한 압력을 받기 시작하는 것입니다. 페미니즘에서 그토록 공주 이야기를 증오하는 것도 다 이유가 있습니다. 동화 속 왕자들은 하나같이 공주가 예쁘다는 이유만으로 사랑에 빠지고 아내로 삼습니다. 그리하여 예쁜 여자는 극히 수동적으로 결혼이라는 것을 손에 쥐는데, 그 결혼이라는 것도 그녀가 진짜 원하는 것인지 확실치 않습니다. 왜냐하면 왕자가 줄 수 있는 것이라곤 고작해야 자기 친정집 수준의 경제력이기 때문입니다.

저는 수많은 공주 이야기들 중에서 『백설 공주』가 가장 나쁘다고 생각합니다. 그만큼 어른이 된 사람들(여자 그리고 남자)을 병들게 하고 있기 때문이죠. 그 이유를 말하려면 백설 공주 이후의 삶에 대해 생각해 볼 필요가 있습니다. 백설 공주는 그 아름다움 덕분에 왕비가 되었습니다. 일면식도 없는 왕자는 아름다운 백설 공주가 죽었다는 것을 침통하게 생각하며 장례를 치러 주기로 합니다. 관혼상제 중에 힘들기로 두 번째 가면 서러울 장례에 발 벗고 나선 것을 보면 이 왕자도 예쁜 여자를 참 좋아하나 봅니다. 아무튼 장례 와중에 백설 공주는 목에 걸린 사과가 튀어나와 살아나고, 왕자는 기다렸다는 듯 결혼식을 치릅니다.

왕비가 된 백설은 당시 뭇 여성이 그렇듯 아이를 낳겠지요. 그러면서 점점 나이를 먹게 되고, 세계 최고의 아름다움은 어느 젊은 아가씨가 차지하게 되겠죠. 그 사실을 백설 공주는 인정할 수 있을까요? 만일 파멸한 새 왕비의 거울이 그녀에게도 있다면 물어보지 않을까요? 이 세상에서 누가 제일 예쁘냐고 말이죠. 그러므로 저는 왕비가 된 백설 공주에게 선택권은 두 가지뿐이라고 생각합니다. 자신이 가치 없다는 생각에 사로잡힌 채 괜찮은 척 하고 살아가는 것, 또 하나는 그 옛날의 계모처럼 새로운 미모를 증오하며 마녀가 되는 것.

이렇게 백설 공주의 불행을 단언할 수 있는 것은 그녀의 자존감이 그 계모와 같은 수준일 가능성이 크기 때문입니다. 백설 공주는 삶을 뒤흔든 불행으로부터 배운 것이 없습니다. 단 한 번도 스스로의 능력으로 어려움을 헤쳐 나가지 못했습니다. 그녀를 구해 준 것은 언제나 미모였으므로 스스로 지켜야 할 것은 미모뿐이라고 믿게 되었을 것입니다. 그러나 불행히도 미모란 자신이 결정할 수 있는 것이 아닙니다. 노력으로 되는 것도 아니며 늘 타인의 눈으로 평가받기 마련입니다.

새 왕비는 왕국을 소유하고 마법을 소유했으며 거울마저도 소유했습니다. 그런데도 그녀는 자신에게 가장 중요한 문제를 결정하는 데 거울의 의견을 100% 따랐습니다. 거울은 왕비의 하인인 듯 공손한 말투지만, 자신의 견해에 관한한 단호한 말투를 사용합니다. 한 치의 오점도 없다는 듯 짧고 확정적이죠.

디즈니에서 만든 애니메이션 「백설 공주」를 보면 거울의 목소리는 남성입니다. 디즈니 만화를 보지 않았더라도 대부분 사람들의 무의식 속에 거울은 남성일 것입니다. 거울은 '확고', '단정', '신뢰', '흔들림 없음' 등 남성성을 나타내는 단어와도 잘 어울립니다. 따라서 거울을 남성적 시선에 대한 은유로 대치할 때, 이야기는 흥미로운 구도를 보여 줍니다. 겉으로 보이는 갈등은 백설 공주와 새 왕비 사이에서 벌어집니다. 백설 공주는 수동적 희생자로, 새 왕비는 능동적 가해자로 보이죠. 백설 공주가 수동적으로 보이는 것은 그녀를 도와주는 남성적 캐릭터들 때문입니다. 만일 거울을 남성형으로 본다면 새 왕비도 마찬가지가 아닐까요? 새 왕비의 능동적 악행을 남성 목소리를 내는 '거울'의 사주로 여긴다면 지나칠까요?

새 왕비의 거울은 그녀를 비추는 자성적 물건이 아니라, 그녀를 비판하는 외부인의 시선입니다. 새 왕비는 그 자신의 아름다움을 스스로 향유하지 못합니다. 스스로에 대한 자부심 따위는 눈곱만치도 없죠. 그녀는 거울의 목소리를 통해, 다시 말해 외부인의 시선에 의해 최고라고 평가를 받을 때에만 만족감을 느낍니다. 그러므로 새 왕비의 아름다움은 철저히 남의 것이지 자신의 것이 아닙니다.

새 왕비는 왜 그렇게 자신 없는 미녀가 되었을까요? 그것이 궁금하다면 『백설 공주』를 읽어 보면 됩니다. 태아에게 최고의 아름다움을 소원한 백설 공주의 친 어머니는 아마도 아름다움 덕분에 왕비가 되었을지 모릅니다. 이런 어머니의 소원으로 태어난 백설 공주는 아름다움에 대한 과민 반응을 느끼며 자랐을 것이고, 결국 그 덕분에 목숨을 구하고 생활 수준까지 보존할 수 있었습니다. 그러나 백설 공주가 그 아름다움으로 인해 즐겁게 보낸 이야기는 한 차례도 나오지 않습니다. 백설 공주의 입장에서 보면 아름다움은 그녀를 안전한 궁궐에서 내쫓게 만든 해로운 것이었습니다.

자신의 것이 될 수 없는 아름다움. 백설 공주와 새 왕비는 어리석어 보입니다. 하지만 어리석음은 그녀들에서 끝났을까요? 외모가 무엇보다 중요한 현대 사회에서 여성들, 요즘은 남성들까지도 거울의 목소리에 괴로워하고 있지 않나요?

우리는 늘 예쁜 것이 최고의 가치라는 말을 농담(?)처럼 듣고 삽니다. 그것이 아니라는 것을 알면서도 외모 지상 이데올로기에 허우적거리고 있죠. 모델처럼 늘씬하지 않아서, 복근이 없어서, 키가 작아서…… 수많은 사람들이 괴로워합니다. 그런데 그 모든 외모의 조건에 자신이 세운 기준은 없습니다.

우리는 어떻게 외모지상주의의 포로가 되었을까요? 새 왕비에게 거울이 있었다면, 도대체 우리에게는 무엇이 있길래 그럴까요? 우리에게도 마법의 거울이 있습니다. 바로 질문 대신 리모컨으로 작동되는 거울. 피로를 푼다며, 심심하다고 보는 텔레비전. 그것이 바로 오늘날 마법의 거울입니다.

자본주의의 발달과 떼려야 뗄 수 없는 관계에 있는 텔레비전은 자본주의에서 선호하는 이미지, 즉 팔리기 좋은 이미지를 강조합니다. 그 이미지들은 또 텔레비전에 예쁘게 나오죠. 소비자인 남성, 혹은 여성이 좋아하는 이미지입니다. 자신의 만족에 의해 설정된 외모 기준이 아니라 텔레비전, 즉 자본주의 사회가 선호하는 외모가 기준이 되는 것입니다. 우리는 그런 메시지를 담은 텔레비전을 매일 시간이 날 때마다 틀어 봅니다. 그리고 내 것이 아닌, 내 것이어도 나의 행복은 될 수 없는 이데올로기를 강화시키고 있습니다.

마법의 거울은 백설 공주와 새 왕비에게 불행의 시작이었습니다. 이것이 우리가 텔레비전을 꺼야 하는 이유입니다. 거울의 목소리는 신뢰를 가장한 억압이므로. 텔레비전을 끄면 우리는 좀 더 자신의 진짜 이야기에 귀를 기울일 수 있을지 모릅니다. 그러면 내가 진짜 원하는 삶, 내게 잘 어울리는 이미지를 스스로 찾을 수 있는 기회를 얻을 수 있지 않을까요?

기 드보르의 『스펙타클의 사회』

4. 스펙타클은 이미지들의 집합이 아니라, 이미지들에 의해 매
   개된 사람들 간의 사회적 관계이다.

5. 스펙타클을 시각 세계의 악용이나 이미지를 대량으로 확산
   시키는 기술의 산물로 파악해서는 안 된다. 스펙타클은 오
   히려 물질적으로 표현된 하나의 실질적인 세계관이고, 또한
   대상화된 하나의 세계관이다.

6. 총체적으로 파악된 스펙타클은 기존 생산양식의 결과이자
   동시에 그것의 기획이다. 스펙타클은 현실 세계에 과도하게
   덧붙여진 부가물이나 장식물이 아니다. 스펙타클은 현실 사
   회의 비현실성의 중추이다.

스펙터클spectacle이란 간단히 '구경거리'라 번역할 수 있습니다.
정확히 말하면 눈을 뗄 수 없고 입을 다물 수 없을 정도의 현란한
구경거리에 스펙터클이란 말이 붙죠. 아이들의 눈을 사로잡는 「뽀
로로」나 어른들의 저녁 시간을 잡아먹는 드라마는 우리가 가장
쉽게 접할 수 있는 현대 사회의 스펙터클입니다. 하지만 텔레비전

만이 스펙터클은 아닙니다. 1년을 분기별로 나누게 하는 스포츠, 이제는 텔레비전 뉴스에도 나오는 한류 스타들의 공연, 떠들썩한 세몰이로 정치 바람을 일으키려 애쓰는 전당 대회까지 우리가 살고 있는 세계가 엄청나게 역동적이라는 착각을 일으키게 하는 쇼들을 모두 스펙터클이라 할 수 있습니다.

스펙터클의 세계는 역동적입니다. 그래서 우리가 좋아하는 드라마나 영화의 주인공처럼 현대 사회를 사는 모든 사람은 스펙터클의 세계에서 '능동적'으로 뛰어들어 사는 듯 보입니다. 하지만 그것을 보고 즐기는 우리도 과연 '능동적'이라고 말할 수 있을까요?

능동적인 인간은 '보는' 인간이 아니라 '행동하는' 인간입니다. 예를 들어 춤을 좋아하는 직장인이 있다고 해 볼까요? 춤을 잘 추고 싶다면, 당연히 시간을 내어 춤을 자주 추거나 배워야 합니다. 하지만 매일 야근이 이어진다면 시간을 확보하는 것부터 힘들 것입니다. 춤을 출 기회는 거의 없겠죠. 몸은 점점 굳어 버리고, 어느 날 갑자기 여가가 생긴다 해도 춤출 생각을 하지 못할 것입니다. 대신 텔레비전이나 인터넷에서 춤추는 영상을 보는 것으로 만족하겠죠.

능동적으로 사는 인간은 스스로 그것에 뛰어들어 활동하는 인간입니다. 자신의 삶에 완벽히 뛰어들면 자신의 삶이 가장 흥미진진한 쇼가 되죠. 굳이 스펙터클한 볼거리가 필요하지 않습니다.

오늘날 한국인의 여가 생활 중에서 가장 많은 시간을 차지하는 것이 텔레비전 시청이라고 합니다. 스스로 원하는 가치가 삶과 일치할 수 없는 사람들의 삶은 수동적이기만 합니다. 따라서 저녁마다, 주말마다 텔레비전을 붙들고 사는 현대인의 삶은 무료해질 수밖에 없고, 그러한 시간이 늘어날수록 마약처럼 자신을 잊게 할 스펙터클이 더 많이 필요할 수밖에 없습니다.

> 일반적인 역사적 삶이 지니고 있는 결함의 다른 측면은 개인적 삶이 아직 역사를 가지고 있지 않다는 점이다. 스펙타클적 극화劇化 속에 밀려드는 가장된 사건들은 이 사건들에 대해 알고 있는 사람들이 직접 경험하는 사건들이 아니다. (⋯) 분리된 일상생활에서의 개인적 경험은 언어나 개념이 부재한 체로, 이를테면 어느 곳에서도 기록되지 않은 자신의 과거에 대한 비판적 접근도 없는 채로 존속한다. 개인적 경험은 소통되지 않는다. 개인적 경험은 기억할 만한 가치가 없는 스펙타클적인 가장된 기억을 위해 진가를 인정받지 못하고 망각된다.

흔히 셀레브리티celebrity라 말하는 사람들의 인터뷰를 보면 한 가지 재미있는 공통점이 있습니다. 학자, 예술인, 정치인만이 아니라 대중 매체가 일자리인 셀레브리티 상당수가 텔레비전을 잘 보지 않는다고 말합니다. 스펙터클의 총아라 할 수 있는 팝 스타 마돈나가 자기 자녀에게 텔레비전 시청을 금지했다고 하죠. 텔레비전의 해악을 너무 잘 알아서라고 그 이유를 댄 적이 있는데, 이유가 그것 뿐만은 아닐 것입니다. 셀레브리티는 대부분 상류층입니다. 그들 자신과 자녀는 텔레비전을 볼 시간이 없을 정도로 즐길 거리도 많습니다. 로맨스 드라마를 보는 것보다 자신이 직접 연애하는 것이, 소위 말하는 '먹방' 프로그램을 보는 것보다 자신이 직접 '맛집'에서 맛있는 음식을 먹는 것이 더 재미있지 않겠습니까? 기 드보르는 바로 이것을 깨달으라고 말합니다. 그는 스펙터클에 대하여 지배층의 그칠 줄 모르는 자화자찬의 산물이라고 말했습니다. 물론 수동적으로 그것을 보고 있는 부류가 존재하기 때문에 스펙터클은 더더욱 커질 수밖에 없는 것이죠.

스펙터클의 사회에서 인간은 소외될 수밖에 없습니다. 드라마 속 '재벌' 남자와 '평범'한 여자의 꿈 같은 로맨스가 끝나면, 우리는 현실 속 자신과 마주하게 됩니다. 텔레비전의 세계가 화려하면 화려할수록, 역동적이면 역동적일수록 우리네 삶이 더욱 남루해 보이죠. 마치 화려한 세상에서 자신만이 초라하게 사는 것 같은 느낌이 듭니다. 이것은 마치 소비자에게 상품을 구매하도록 부추기는 전형적인 마케팅 기법과도 닮아 있죠. 남들은 다 가졌다는 사실에 대한 초조함과 상대적 박탈감을 이용하는 것입니다. 때문에 스펙터클에 지배된 삶은 불행해질 수밖에 없습니다. 그러니 스펙터클과 상품의 마케팅에 자신의 삶을 지배당하지 않도록 우리는 늘 조심해야 할 수밖에 없습니다.

3.
성장을 멈춘 어른, 악당이 되다

카를로 콜로디의 『피노키오』ㅡ 프리모 레비의 『이것이 인간인가』

"이제 보니 넌 허연 수염까지 기르고, 늙은 학자처럼 점잔을 빼고 있구나. 세상 모든 일을 다 아는 체 말이야. 미안하지만 귀뚜라미야, 나는 내일 아침에 이곳을 떠날 작정이야. 생각해 봐. 여기에 오래 붙어 있다가는 다른 아이들처럼 학교에 끌려가야 하잖아? ㅡ 동화 『피노키오』

그는 누구보다 빨리 이 삶은 바로 전쟁이라는 것을 이해했다. 스스로 응석부리는 것 따위는 허락하지 않았다. 불평을 하거나 자신과 타인들을 연민하며 시간을 허비하지 않았다. 그는 첫날부터 전쟁터에 뛰어들었다. 그를 지탱하는 건 지혜와 본능이다. – 인문학 『이것이 인간인가』

카를로 콜로디의 『피노키오』

먼저 글을 한 편 소개해 볼까 합니다. 여러분은 이 글에서 어떤 느낌이 드는지 궁금하네요.

그는 누구보다 빨리 이 삶은 바로 전쟁이라는 것을 이해했다. 스스로 응석부리는 것 따위는 허락하지 않았다. 불평을 하거나 자신과 타인들을 연민하며 시간을 허비하지 않았다. 그는 첫날부터 전쟁터에 뛰어들었다. 그를 지탱하는 건 지혜와 본능이다. 그는 정확하게 사고했다. 종종 아예 생각을 안 하기도 하는데, 그것도 마찬가지로 옳은 일이다.

한국 사람들은 "삶이 전쟁 같다"는 표현을 자주 씁니다. 그래서 그런지 앞의 글은 마치 한국 사회에서 오랫동안 살았던 사람이 쓴 것처럼 느껴집니다. 이 글이 누구의 것인지 궁금하지요? 하지만 출처를 말씀드리기 전에 카를로 콜로디˙가 쓴 『피노키오』에 대해 이야기하겠습니다.

> "이제 보니 넌 허연 수염까지 기르고, 늙은 학자처럼 점잖을 빼고 있구나. 세상 모든 일을 다 아는 체 말이야. 미안하지만 귀뚜라미야, 나는 내일 아침에 이곳을 떠날 작정이야. 생각해 봐. 여기에 오래 붙어 있다가는 다른 아이들처럼 학교에 끌려가야 하잖아? 나는 공부라면 딱 질색이야. 학교에 가느니보다는 들에서 나비를 잡거나, 나무에 올라가 새둥우리를 뒤지는 편이 훨씬 재미있단 말이야." (…)
> "좋소. 학교에 가는 게 죽어도 싫다면 그 대신에 일이라도 해야 하오. 자기가 먹을 빵은 자기가 벌어야 하는 겁니다. 그렇지 않으면 밥벌레가 되고 마니까요."

제페토 할아버지가 나무를 깎아 만든 피노키오는 걸음걸이를 배우자마자 말썽쟁이 본색을 드러냅니다. 제멋대로 문밖으로 뛰쳐나가 할아버지를 곤란하게 만들고, 이제는 꼭꼭 숨어서 신나게

˙ 카를로 콜로디(Carlo Collodi, 1826~1890)는 이탈리아의 아동 문학가다. 본명은 카를로 로렌치니(Carlo Lorenzini)다.

살 궁리를 합니다. 이때, 귀뚜라미가 나타나 피노키오에게 제대로 살라고 충고하죠. 피노키오는 화를 내며 나무망치를 던져 귀뚜라미를 죽여 버립니다. 갓 태어난 피노키오, 나무로 만든 꼭두각시 인형은 말할 것도 없이 어린이를 상징합니다.

1881년 1월, 카를로 클로디는 이탈리아 피렌체의 어린이신문에 「어떤 꼭두각시 이야기」라는 동화를 연재하기 시작했습니다. 이탈리아 작가 콜로디가 살던 19세기는 '어린이'에 대한 관념이 이제 막 등장해서 점차 발전하던 시기였습니다. '어린이'의 인권과 복지에 대한 관심은 그리 오래된 것이 아닙니다. 당시 어린이는 아직 어른이 되지 않은 미성숙한 존재라는 개념이 지배적이었거든요.

피노키오는 어른이 생각하는 어린이에 대한 관념을 보여 준다고 할 수 있습니다. 제멋대로에 꾀만 부리고 늘 유혹에 빠져 스스로를 위험에 빠트리는 말썽쟁이, 부모의 마음 따위는 아랑곳하지 않는 불효자, 하지만 바탕은 선한 존재. 어린이 그 자체인 피노키오는 이야기 속에서 여러 가지 일을 겪습니다. 조심성 없이 불을 피우다가 다리를 불태워 버리기도 하고, 곡마단에 팔려가 그야말로 꼭두각시 노릇을 하기도 하고, 나쁜 친구들의 꾐에 빠져 죽다 살아나기도 합니다. 모든 고난과 역경은 피노키오의 모자람이 초래한 것입니다. 작가가 그려 낸 피노키오의 세계는 온갖 유혹으로 가득한, 그야말로 위험하고 무서운 곳입니다. 잠깐이라도 한눈을 팔면 생명이 위태로울 수 있지요. 다른 작가라면 이 두렵고 무서운 세계를 비판하기도 하련만, 작가는 그 세계에 대해서는 시치미를 뗍니다. 그리고 '불 먹는 아저씨'처럼 "에헴" 재채기를 연신하면서 이렇게 말하는 것 같습니다.

"아이들아, 너희들도 잠깐 한눈을 팔면 저렇게 될 수 있어."

우리가 사는 세상이 그렇게 위험하다고 말하는 어른들도 많습니다. 세상은 유혹이 가득하고, 까딱하다가는 험한 꼴을 당하기 일쑤라고요. 그래서 부모는 언제나 노심초사하지요. 그 덕에 어린이들은 안전하게 자라는 것인지도 모르겠습니다.

> "이번에도 니를 용시해 주마."
> 요정 어머니가 상냥한 목소리로 말씀했습니다.
> "그렇지만 앞으로 한번만 더 나쁜 짓을 하면 절대로 용서하지 않을 거야."
> "고마워요, 어머니. 이젠 약속을 꼭 지킬게요."

나무를 깎아 만든 피노키오에게는 부모가 없습니다. 하지만 작가는 보호자 없이 어린이가 제대로 자랄 수 없다는 것을 알고 있었습니다. 피노키오를 만든 제페토 할아버지는 자연히 피노키오의 아빠가 됩니다. 그리고 푸른 머리의 요정은 여러 가지 일을 겪는 피노키오를 보호하는 어머니가 됩니다. 따라서 피노키오에게 제페토 할아버지와 푸른 머리의 요정은 부모의 사랑을 느끼게 해 주는 존재지요. 두 사람 덕분에 피노키오는 언제나 구출되고 새로운 기회를 얻습니다. 그리고 나중에는 요정으로부터 진짜 사람으로 만들어 주겠다는 약속까지 받죠. 피노키오는 뛸 듯이 기뻐합니다. 피노키오가 느꼈을 기쁨의 크기를 우리도 상상할 수 있습니다. 한번 생각해 보세요. 여덟 살의 몸으로 십 년을 살다가, 단 하루 만에 열여덟 살의 몸을 얻을 수 있다면 어떤 기분일까요? 피노키오는 그동안 미뤄 온 성장의 결실을 하루만에 거둘 수 있다는 약속을 듣게 된 것입니다.

어린이이되 나무 인형에 불과한 피노키오는, 사람이지만 아직 완전한 인격체라고 인정받지 못한 우리의 어린 시절과 같습니다. 하지만 성장이 그렇게 쉬운 것은 아닙니다. 아직 불완전한 피노키오는 눈앞의 유혹에 미래의 큰 기쁨을 저버리고 맙니다. 유혹에 넘어간 대가는 큽니다. 당나귀가 될 뻔하다 고래의 뱃속에서 구사일생으로 살아나죠. 그리고 안전한 곳으로 돌아오지만 제페토 할아버지는 병들어 버렸고, 요정 어머니마저 찾을 수 없습니다. 약해진 아버지를 대신하여 열심히 일하던 피노키오는 요정 어머니가 몸져누운 집을 찾아내고 슬픔에 빠집니다. 그리고 어머니의 약값을 구할 수만 있다면 자신이 어떻게 되어도 상관없다고 생각할 정도로 성숙해집니다.

"피노키오, 너는 참으로 훌륭한 아이다. 앞으로도 더욱더 착한 행동을 하도록 힘써야 하는 거야. 착한 어린이는 이 세상을 밝혀 주는 빛과 같아. 피노키오야, 아버지를 더욱 잘 모셔야 해. 너는 그 속에서 참된 행복을 찾게 될 테니."

　　푸른 요정이 피노키오의 꿈에서 이렇게 축복합니다. 꿈에서 깨어난 피노키오는 통통한 볼과 따뜻한 온기를 가진 인간으로 다시 태어납니다. 더 이상 거짓말을 해도 코가 자라지 않고, 나무 인형이라고 놀림 받을 일도 없습니다. 『피노키오』를 읽는 어린이들은 인간이 된 피노키오의 모습에 안도하며 책장을 덮습니다. 아이들은 피노키오가 아직 어린이라는 것을 알고 있습니다. 하지만 더 이상 그렇게 쉽게 유혹에 빠지지 않을 뿐더러 어른들의 말씀을 잘 듣는 어린이가 될 것이라고 믿고 책을 덮는 것입니다.

　　"아직은 아니죠. 이 불완전한 세상에 피노키오를 저렇게 내버려 두어도 좋답니까?"

　　『피노키오』를 읽고 이렇게 걱정하는 사람이 있다면 십중팔구 어른입니다. 어른은 아이를 보호해야 한다는 사명감을 갖고 있으니까요. 그에 비해 어린이들은 동화 세계에 거부감을 보이지 않습니다. 말썽을 피우고 놀고 싶어 하는 것은 어린이로서 당연한 본능이며 욕구인데도요. 작가는 끊임없이 피노키오에게 요구하죠. 본능과 욕망을 조절하라고요. 이는 "어린이, 너는 불완전한 존재니까 고치고 바꿔서 성장하라"는 메시지와 같습니다. 이에 어린이들은 반발하지 않습니다. 당연히 어른 말씀을 잘 듣는 착한 어린이가 되어야 한다고 생각하죠.

어린이는 유연한 존재입니다. 세상은 호기심으로 가득한 곳이라는 것도 잘 알지만, 그만큼 모른다는 것도 받아들입니다. 그렇기에 올바로 성장하기 위해 본능을 조절하고 욕망을 통제하라는 메시지도 충분히 수용하는 것이죠.

그렇다면 어린이는 언제 성장을 멈출까요? 우리나라에서는 만 열여덟 살이 되면 법적으로 성인이라고 인정해 줍니다. 각 문화권에도 어른이 되는 것을 인정해 주는 성인식 의례가 있습니다. 그런데 어른이 되는 것은 성장을 멈추는 것인가요? 만 열여덟 살이 되면, 우리는 성장을 멈춰도 좋은 걸까요?

어른들이 피노키오에게 많은 것을 금지한 것은 살아가는 데 필요한 앎이 적었기 때문입니다. 자신을 보호할 수 없을 만큼 부족한 지식. 어린이란 스스로의 생명까지 위험에 빠뜨릴 정도로 조심성이 없는 존재입니다. 어른이 어린이에게 가르칠 수 있는 것, 어린이가 이해할 수 있는 금지와 통제는 그 자신을 보호하는 것에 대한 가르침입니다. 타인을 배려해야 한다는 것, 모두의 약속인 질서를 지켜야 한다는 것, 신뢰를 유지하기 위해 거짓말을 해서는 안 된다는 것은 전부 본능과 상관없지만 사회를 유지하기 위해 필수적입니다. 그런데 만일 이런 것들이 전부 성장에 필요한 교훈과

지혜라면, 어른이 되었다 하더라도 성장을 멈추면 안 되는 것이 아닐까요? 한번 자문해 봅니다.

"나는 세상에 대해 모르는 것이 많은가, 아는 것이 많은가?"

"나는 타인과 사회를 위해 얼마만큼 희생할 줄 아는가?"

아이가 뜨거운 불에 손을 대는 것과 어른이 도박에 손을 대는 것은 전혀 다른 이야기인가요? 아이가 먹고 싶은 아이스크림을 꾹 참고 그 돈을 아프리카 어린이를 위한 저금통에 넣는 것과 어른이 비싼 시계를 사지 않고 아프리카 어린이를 후원하는 것은 다른 이야기인가요?

세계는 복잡하고 모르는 것투성이입니다. 그럼에도 불구하고, 많은 이른이 '성장'은 어린이나 청소년에게만 해당되는 단어라고 생각합니다. 모르면 배우고 실수를 통해 교훈을 얻으려 했던 어린 시절과 달리, 어른은 몰라도 아는 척하고 실수하면 남부터 탓하죠. 계속해서 나쁜 유혹에 빠지면서도 진심으로 가슴 아파하고 올바른 길로 인도하려는 사람에게 짜증만 낼 뿐 바꿀 생각은 하지 않습니다. 이는 우리가 '성장'할 필요가 없는 어른이라고 착각하기 때문입니다. 어쩌면 거짓말을 해도 더 이상 코가 자라지 않는 나이가 되었기 때문인지도 모릅니다.

어른의 모든 문제는 '성장'이라는 단어를 잊었기 때문에 발생하는지도 모르겠습니다. 그래서 피노키오의, 그러니까 어린이의 세상을 그토록 끔찍하게 만드는 악당의 존재란 더 이상 성장하지 않는 어른일 겁니다. 우리는 아직 너무 모르고, 너무 거칩니다. 나무 인형에 불과하지요. 물론 사람마다 조금씩 차이야 있겠지만, 세상 앞의 우리는 여전히 성장이 필요한 피노키오가 아닐까요?

동화 넘어 인문학
프리모 레비의 『이것이 인간인가』

이제 앞서 인용한 글에 대해 말해 보겠습니다. 앞의 글은 프리모 레비*의 대표작 『이것이 인간인가』에서 따왔습니다. 프리모 레비는 1919년 이탈리아에서 태어난 유태인입니다. 이탈리아는 독일, 일본과 함께 제2차 세계대전을 일으킨 나라죠. 전쟁 말, 프리모 레비는 파시즘에 저항하는 지하 운동을 벌이다 체포되어 아우슈비츠 수용소로 이송되었고, 제3수용소에서 죽음보다 못한 삶을 견디며 살아남았습니다. 종전 후, 고향으로 돌아가 공장 관리자로 일한 그는 아우슈비츠에서 겪은 일을 기록하여 책으로 발표하였습니다.

● 프리모 미셸 레비(Primo Michele Levi, 1919~1987)는 유대계 이탈리아 화학자이자 세계적인 작가다.

사람으로서 겪어서는 안 될 것을 겪은 인간, 인간의 존엄성이 깡그리 말살된 상태에서 죽지 않고 살아남은 인간으로 그는 증언합니다. 우리는 미흡한 존재라는 것, 우리는 죽을 때까지 배워야 한다는 것, 이 진리를 잊고 살 때 세상은 지옥이 된다는 것. 동시에 그는 묻습니다. 우리가 이 교훈에 귀를 닫고, 나아가 자신을 완전무결한 존재라 믿을 때, 그것을 인간이라 할 수 있는지.

『이것이 인간인가』의 맨 앞에는 프리모 레비가 쓴 경구가 있습니다. 1987년, 살아남은 자의 고통을 이기지 못하고 자살한 그의 핏빛 교훈이 너무나 절절해서 읽을 때마다 제 마음을 건드립니다.

> 당신에게 이 말들을 전하니
> 가슴에 새겨두라.
> 집에 있을 때나, 길을 걸을 때나
> 잠자리에 들 때나, 깨어날 때나.
> 당신의 아이들에게 거듭 들려주라.
> 그러지 않으면 당신 집이 무너져 내리고
> 온갖 병이 당신을 괴롭히며
> 당신의 아이들이 당신을 외면하리라.

4. 누가 나를 지배하는가

다니엘 디포의 『로빈슨 크루소』 — 제레드 다이아몬드의 『총, 균, 쇠』

"저는 선원이 되고 싶어요. 먼 나라를 두루 돌아다니며 여러 가지 모험을 하고 싶어요."

입버릇처럼 말할 때면 아버지는 나를 심하게 나무랐습니다.

"그 따위 위험한 짓을 하다가는 틀림없이 불행해진단 말이야. 알겠니? 너는 다른 애들에 비하면 아주 행복한 아이야. 집이 가난하다면 모르지만, 너는 집에 가만히 있기만 해도 내가 남는 재산을 그대로 물려받아 편안히 살아갈 수 있어."

　　　　　　　　　　　　　　　　　　　　　　　　　　　　　　　– 동화 『로빈슨 크루소』

그러자 그는 자기 민족의 조상들이 과거 수만 년 동안 어떤 경로를 통하여 뉴기니에 도착했으며, 또 유럽의 백인들은 어떻게 지난 200년 사이에 뉴기니를 식민지로 만들 수 있었느냐고 질문했다. – 인문학 「총, 균, 쇠」

다니엘 디포의 『로빈슨 크루소』

1719년, 무려 18세기에 완성된 소설이 동화라는 이름으로 책꽂이에 꽂혀 있다는 것을 알게 된 것은 얼마 되지 않았습니다. 조선 숙종대, 장희빈도 인현왕후도 세상을 떠난 후지만 조선에서 가장 오래 산 왕인 영조가 일개 왕자였던 시절입니다. 그야말로 호랑이 담배 피우던 시절이죠. 비슷한 시기에 나온 『사씨남정기』나 『구운몽』이 지금 먼지 폴폴 쌓인 책장에서 곰팡이 냄새를 피우고 있는 것을 생각하면, 『로빈슨 크루소』의 생명력에 질투가 날 지경입니다.

다니엘 디포°의 『로빈슨 크루소』는 왜 낡지 않았을까요? 모험

° 다니엘 디포(Daniel Defoe, 1660~1731)는 영국의 소설가로, 리얼리즘을 개척한 근대 소설의 시조라 불린다.

이 있기 때문일까요? 하지만 『사씨남정기』에도 모험은 있죠. 그뿐인가요? 애정사도 있습니다. 그런데도 왜 많이 읽히지 않을까요? 로빈슨 크루소처럼 낯선 세계가 없어서 그럴까요? 낯설고 신기한 이야기라면 『구운몽』도 빠지지 않습니다. 주인공 성진은 벌을 받아서 아무 것도 모르는 인간 세상에 떨어져 흥미로운 일들을 겪습니다. 그렇다면 작품 외에 또 다른 이유가 있는 것일까요?

> 나의 아버지는 본디 도이칠란트 사람이었는데, 영국으로 건너와서 무역업으로 성공하여 상당한 재산을 모았습니다. 그리고 그 고장에서 이름난 부자의 딸과 결혼하여 행복한 생활을 하고 있었습니다. (…)
> "저는 선원이 되고 싶어요. 먼 나라를 두루 돌아다니며 여러 가지 모험을 하고 싶어요."
> 입버릇처럼 말할 때면 아버지는 나를 심하게 나무랐습니다.
> "그 따위 위험한 짓을 하다가는 틀림없이 불행해진단 말이야, 알겠니? 너는 다른 애들에 비하면 아주 행복한 아이야. 집이 가난하다면 모르지만, 너는 집에 가만히 있기만 해도 내가 남기는 재산을 그대로 물려받아 편안히 살아갈 수 있어."

로빈슨 크루소가 살던 시대나 지금 우리가 사는 21세기나 어른들은 크게 다르지 않은 것 같습니다. 중산층의 귀한 아이로 태어나 부모의 과보호 속에서 자란 로빈슨 크루소 같은 아이는 지금 우리나라에도 많을 것입니다. 주인공 로빈슨 크루소가 귀족의 아들이었다면, 아마도 지금 같은 생명력을 갖지 못했을 것입니다. 로빈슨 크루소는 자본주의가 꽃피우기 시작한 시기에 태어난 인물이고, 우리는 자본주의 사회에서 자란 사람들입니다. 그러니 로빈슨 크루소가 친숙할 수밖에 없죠. 부모의 뜻과 다른 꿈을 꾸는 것은 모든 아이의 숙명이지만, 우리 세대의 모험이 맥 빠진 반항 수준이라면 로빈슨은 그야말로 모험다운 모험을 합니다. 우리의 안정된 시대와 달리, 로빈슨의 시대는 전 세계가 자본주의로 항해하기 위해 꿈틀거리던 때였으니까요. 그러니 모험심을 가득 담은 어린이의 마음에 로빈슨은 언제까지나 동경의 대상이 될 수 있는 것입니다. 작품의 생명력도 결국 패권에 의해 결정된다는 것을 생각하면 쏠쏠합니다. 하지만 그렇기에 『로빈슨 크루소』는 비판적으로 읽을 수 있기에 더 없이 좋은 작품이라고 생각합니다. 그런데 그 전에 한 가지 생각해 봐야 할 것이 있습니다. 자본주의를 몰랐던 조선 숙종대, 우리의 조상들은 야만인이었을까요?

> 이렇게 하여 내가 혼자 개척한 섬은 이제 훌륭한 마을이 된 것입니다.

로빈슨이 그토록 자랑스러워하는 무인도 개척기는 후일 많은 비평가들로부터 비판을 받았습니다. 그는 빈손으로 섬에 도착한 것이 아니었기 때문입니다.

> "음, 이 정도만 있으면 혼자 살아가기에 별 불편이 없겠군."
> 나는 뜻밖에 연장이 든 상자를 찾아낸 것이 만족스러웠습니다.
> '이제 돌아가 볼까?'
> 나는 이렇게 생각하며 뗏목 위에 내려서려다 말고, 몸을 주춤하였습니다. 선장실에 놓여 있던 총을 가지고 나오는 것을 깜빡 잊었던 것입니다.
> '하마터면 큰일 날 뻔했군.'

로빈슨이 문명으로부터 받은 구호품 목록을 보면 왜 이 동화가 그토록 신나는 모험 소설이었는지 알 수 있습니다. 로빈슨은 난파선으로부터 충분한 비상식량은 물론 술까지 얻습니다. 기본 주택을 세울 수 있을 만큼의 널빤지, 문화인이 포기할 수 없는 옷, 그리고 정신을 위로할 수 있는 성경 책도 찾아냅니다. 뿐만 아니라, 고독을 덜어 줄 충성스러운 개까지 그와 함께 합니다. 그야말로 어린이가 꿈꿀 만한 안전하고 신나는 모험 이야기의 배경이 모두 준비된 것입니다.

어린이는 생명의 위협을 받는 악몽 같은 모험을 좋아하지 않습니다. 따라서 로빈슨 크루소는 어린이가 감정이입을 하기 좋은 조건을 두루 갖추고 있습니다. 모험이라고 하지만 정신적으로나 육체적으로 전혀 위험하지 않습니다. 섬에는 맹수도 없고 과실수가 풍부하고 토지도 비옥하며 마실 수 있는 물도 풍부합니다. 그러니 다른 척박한 환경에서 악전고투한 이름 없는 난파인에 비해 로빈슨 크루소가 유능하다고 말하기는 힘듭니다.

『로빈슨 크루소』는 18세기 자본주의의 성공에 대한 이야기라는 평가를 받기도 합니다. 18세기 상업이 발달하고 산업혁명이 진행 중이었던 영국을 이끈 사람들을 부르주아라고 불렀습니다. 로빈슨 크루소는 이 부르주아의 아들로 태어나 아버지 대에서 이룬 부를 불리며 살아야 할 사람이었습니다. 하지만 초기 자본주의 시대의 총아 로빈슨에게는 미지의 세계를 향한 그칠 줄 모르는 모험심이 있었죠. 그런데 로빈슨의 모험심을 개인적인 성향이라고만은 할 수 없습니다. 당시 유럽의 성공한 부르주아들은 부를 쌓는 일에 혈안이 되어 있었습니다. 그들은 유럽 대륙에 만족하지 않고 미지의 대륙을 찾아 떠났습니다. 이를 통해 유럽은 과학적으로, 지리적으로 엄청난 성취를 얻었습니다. 하지만 그런 것들은 모험의 부산물에 불과했습니다. 이 항해의 주요 목적은 경제적 풍요였고, 그 주모자는 상인이었습니다. 그들에게 미지의 대륙은 원료 공급처이며 시장이었습니다. 로빈슨 크루소, 그의 모험심은 미지의 세계에 대한 것이라기보다 미지의 부富에 대한 매혹이었습니다. 그런 의미에서 로빈슨 크루소는 부자가 되려는 갈망에 휩쓸린 당시 유럽 부르주아를 대표한다고 할 수 있습니다. 그리고 역사는 로빈슨의 부모처럼 안주하려는 상인이 아닌 모험심을 가진 로빈슨 같은 상인이 만들어갔습니다.

18세기 미지의 대륙을 식민지로 만들려는 사람들은 로빈슨과 다를 바 없었습니다. 그들이 타고 다닌 배가 망망대해에 이를 즈음이면 선원들의 상태는 최악이었습니다. 문명보다 야만이 더 어울리는 환경은 로빈슨이 막 도착한 무인도와 마찬가지였습니다. 로빈슨은 난파선으로부터 최소한의 문명을 실어 올 수 있었는데, 이는 끝없는 바다 한가운데에 고립된 사람들의 처지와 다르지 않았습니다. 미지로 떠나는 그 배(혹은 무인도)에는 그들이 18세기 유럽인이라는 최소한의 징표가 있었습니다. 바로 성경 책이지요. 유럽인의 '역사'와 '철학'이 배어 있는 책 말입니다.

로빈슨 크루소가 난파선의 구호품을 받지 못했다면, 그의 운명은 달라졌을까요? 저는 그렇게 생각하지 않습니다. 가령 그가 빈손이었다 해도, 식수와 식량이 풍부하고 맹수가 없는 안전한 무인도이기만 했다면 로빈슨은 결국 성공했을 것입니다. 로빈슨은 18세기 유럽인이니까요. 귀족이나 왕보다 더 잘해 낼 수 있다는 부르주아의 자신감, 신이 보호해 주고 있다는 믿음, 노력한 만큼 결실을 얻을 수 있다는 희망, 사건에 대한 합리적 분석, 근면함 등이 로빈슨 크루소의 가장 큰 유산이었습니다. 게다가 그는 생산과 소비에 대한 계산이 가능한 부르주아의 아들이었습니다. 무인도에 떨어진 그는 바로 18세기 부르주아의 화신이었던 것입니다.

로빈슨 크루소가 무인도를 경영하는 방식은 식민지 경영과 비슷합니다. 다른 식민지 경영자들보다 운이 훨씬 좋죠. 토착민이 없는 무인도였기에 로빈슨 크루소는 악당이 되지 않아도 되었습니다. 로빈슨 크루소는 비열하고 잔인한 유럽인이 아니라 신의 축복을 받은, 근면한 18세기 유럽 부르주아로 남을 수 있었습니다. 하지만 타 문명의 인간을 대하는 로빈슨의 자세는 당시 유럽인과 다르지 않습니다. 그는 섬을 방문한 사람들을 주저 없이 '야만인'이라 부릅니다. 신앙이 가르친 대로 인간적으로 대하는 것은 순전히 그의 '선의'입니다. 식인 의식에서 구해 낸 '야만인'을 하인으로 삼을 때도 별 문제의식이 없으며, '야만인'도 로빈슨에게 감화되어 신앙을 바꾸고 동료 야만인을 공격하는 데 힘을 보탭니다.

어릴 때는 그저 재미있던 이야기가 어른이 되어서 불편해진다면, 우리가 바로 그 토착민이었기 때문일 것입니다. 우리에게는 『로빈슨 크루소』 대신 『구운몽』이 있고, 그들이 쉽게 '야만인'이라 불러서는 안 될 역사와 철학이 있습니다.

그런데 『로빈슨 크루소』에서 우리를 덜 불편하게 만드는 장치가 있습니다. 바로 로빈슨의 하인 프라이데이의 피부색이 검다는 것입니다. 피부색 하나로 우리는 이중 잣대를 받아들일 수 있습니다. 우리에 대해서는 자신 있게 '야만인'이 아니라고 말하면서도, 피부색이 검은 '그들'을 야만인이라 부르는 데는 불편함이 없는 것입니다. 그 검은 토착민의 역사와 철학과 전통까지는 생각하지 못하는 것이죠.

『로빈슨 크루소』는 재미있고 흥미진진합니다. 원전 제목대로 "요크의 선원 로빈슨 크루소의 생애와 이상하고 놀라운 모험The Life and Strange Surprising Adventures of Robinson Crusoe of York"을 생동감 있게 보여 줍니다. 처음에는 어른을 위한 소설로 썼던 이 책이 어린이용으로 각색된 것은 그 재미 때문이기도 하겠지만, 유럽인이 유럽인으로서의 자부심을 아이들에게 가르치고 싶었기 때문일 것입니다. 하지만 300년이나 흐른 지금, 한때 식민지였던 땅에 사는 우리들은 로빈슨 크루소를 좀 더 다르게 읽을 필요가 있습니다.

동화 넘어 인문학

제레드 다이아몬드의 『총, 균, 쇠』

그러자 그는 자기 민족의 조상들이 과거 수만 년 동안 어떤 경로를 통하여 뉴기니에 도착했으며, 또 유럽의 백인들은 어떻게 지난 200년 사이에 뉴기니를 식민지로 만들 수 있었느냐고 질문했다. (…) 2세기 전까지 모든 뉴기니인은 아직도 '석기 시대에 살고’ 있었다. 다시 말해서 유럽에서는 이미 수천 년 전 금속기에 자리를 내어 준 석기를 그들은 여전히 사용하고 있었으며, 마을에는 중앙 집권적 정치 체제조차 갖추어져 있지 않았다.

그러다가 백인들이 들어왔고, 그들은 중앙 집권적 정치 체제를 강요했으며 쇠도끼, 성냥, 의약품에서 의복, 청량음료, 우산에 이르기까지 뉴기니인도 금방 그 가치를 알 수 있는 물건들을 잔뜩 들여왔다. 뉴기니에서는 그러한 물건들을 통틀어 ‘화물’이라고 부른다. (…)

“당신네 백인들은 그렇게 많은 화물들을 발전시켜 뉴기니까지 가져왔는데 어째서 우리 흑인들은 그런 화물들을 만들지 못한 겁니까?”

히틀러 이래 소위 문명인은 ‘인종주의’를 찬성하는 것에 알레르기 반응을 보입니다. 그럼에도 불구하고 ‘인종주의’는 여전히 세계를 위협하고 있으며, 많은 분쟁의 얼굴마담 역할을 하고 있습니다.

“유태인이라는 이유로 학살당하는 게 말이 되느냐”고 말하는 사람들도 다른 한편으로는 ‘한민족의 우수성’에 대해 열변하거나 다른 나라나 민족을 경멸하는 말을 쉽게 내뱉습니다. 인종주의는 그만큼 우리 안에 깊이 자리 잡고 있습니다.

제레드 다이아몬드의 『총, 균, 쇠』는 우리 안의 인종주의를 경계하게 해 주는 책입니다. 인종주의를 ‘나쁘니까 하지 말아야’ 하는 도덕적 문제가 아니라는 것을 차분하고 뜨겁게 논증합니다. 사실 도덕이란 선의와 신념에 기댄 개념입니다. 법도 아니고 자명한 이 치도 아니니 반드시 지켜야 하는 부담감도 없고, 진실에 위배된다 는 껄끄러움도 없습니다. 그래서 몇 번쯤 눈감을 수 있는 것이죠. 하지만 그 몇 번 때문에 세계는 수많은 전쟁을 겪고 있습니다.

『총, 균, 쇠』는 인종주의가 얼마나 어처구니없는 미신인지 알려 줍니다. 우리 사회 속에만 '금수저'와 '흙수저'가 있는 것이 아니라 인류 전체를 봐도 그렇다는 것을 보여 줍니다. 태어날 때부터 이미 정해져 버린 지리적 조건과 환경에 의해 우리의 출발점이 저마다 다를 수 있음을 논증해 주죠. 그 덕에 이 책을 읽으면 인종주의를 '과학적'으로 거부할 수 있게 됩니다. 인류 문명을 바꾼 것은 '총'과 '세균'과 '철'이라는 말이 처음에는 이해되지 않지만, 이내 우리가 이곳에 태어난 것이야말로 '복권 당첨'처럼 아무 이유가 없다는 것을 알게 됩니다. 그리고 우리가 운 좋은 야만인이란 사실을 깨닫게 되죠.『로빈슨 크루소』를 읽는 우리도 한때는 운 나쁜 토착민이었 다는 것을 깨닫게 됩니다.

5.
꼭 백조여야만 하나요?

한스 안데르센의 『미운 오리 새끼』 - 페터 비에리의 『삶의 격』

"내가 못생긴 아기오리였을 땐, 나에게 이렇게 큰 행복이 오리라곤 꿈에도 생각지
못했었어." - 동화 『미운 오리 새끼』

사람이 자기 스스로에게 책임을 진다는 것은 자기 자신을 인정하고 받아들이는 행위를 포함한다. 신념, 감정, 의지, 살아가는 총체적 방법 등이 이에 들어간다. 이것은 타인과 자신을 구분 짓는 능력과 용기를 의미한다. 이것은 또 다른 면에서 갈등을 회피하지 않는 강함을 뜻한다. — 인문학 『삶의 격』

한스 안데르센의 『미운 오리 새끼』

독일 작가 에리히 케스트너가 쓴 동화 『하늘을 나는 교실』에는 '금연 선생'이라 불리는 자유인이 나옵니다. 실은 담배를 입에 물고 사는 흡연자지만, 그가 살고 있는 폐차에 '금연'이라고 쓰여 있는 바람에 아이러니한 별명을 얻게 된 것이죠. 그는 어느 날 자신을 찾아온 친구에게 말합니다.

"돈이라든지 지위라든지 명예라고 하는 것들이 도대체 뭔가? 그런 것은 모두 어린애 장난감과 같이 시시한 것들이야. 다 큰 어른이 어린이의 장난감을 가졌다고 생각해 보게. 도대체 그것을 어디에 쓰겠나?"

이 책은 1933년에 나왔지만 금연 선생의 말은 여전히 우리에게 생각할 거리를 던져 줍니다. 오늘날 많은 어른이 돈이나 명예, 지위를 쫓으며 살고 있으니까요. 돈에 너무 쪼들릴 때는 돈만 있으면 걱정할 것이 하나 없을 것 같습니다만, 먹고사는 일이 어느 정도 해결되면 그 다음으로 명예와 지위에 욕심을 부리는 것이 현실이죠. 그리고 이 세 가지를 다 가진 사람들은 정말 행복한 듯 보이기도 합니다. 특히, 드라마나 영화를 보면 모든 걸 갖춘 주인공이 고민하는 것이라곤 기껏해야 사랑뿐인 것처럼 묘사되니까요. 뭐, 현실에서도 모든 걸 갖춘 이들이 사랑까지 성취한다는 생각이 들 때도 있습니다. 그러니까 인간사 고민 대부분이 돈, 명예, 지위만 있으면 다 해결될 것 같습니다. 그러니 금연 선생의 말은 한갓 동화에나 나올 법한 대사라고 무시할 수 있을지도 모릅니다. 그런데 이 책이 동화라서 동화 같은 말이나 하는 걸까요?

우리는 그동안 '어른스럽지 못하다'는 비난을 통해 어른의 모습을 완성시켜 왔습니다. 이름 하여 소거법. 우리는 어른이란 무엇인가에 대해 온전한 정의를 내릴 수 없을까요? 어떤 경전, 어떤 고귀한 책을 통해서가 아니라 우리 스스로 말입니다. 안데르센의 『미운 오리 새끼』를 읽으면서 좀 더 생각해 봅니다.

> "내가 못생긴 아기오리였을 땐, 나에게 이렇게 큰 행복이 오리라곤 꿈에도 생각지 못했었어."

새끼 오리의 감격에 찬 독백이 대미를 장식하는 이 동화는 불행을 이겨 내면 행복이 찾아온다는 교훈으로 소개되곤 했습니다. 그런데 어른이 된 후, 가끔 이런 생각이 들었습니다.

'걔는 왜 오리인 채로는 행복하지 못했을까?'

아이라면 단박에 '걔'가 오리가 아니었다고 지적할 것입니다. '걔'가 백조였다는 것조차 헷갈릴 정도로 읽은 지 오래 되어서기도 하고, 제목 자체가 주는 인상이 마지막까지 남아서일 수도 있습니다. 아니, 사실 이야기 대부분에서 '걔'는 오리로 불리지요. 어릴 때는 주인공에 몰입해서 읽으니 아기오리가 언제 행복해지는지에만 관심이 쏠렸습니다. 아기오리의 고난과 심리를 제대로 읽어 내지 못했던 것이죠.

어른이 되어 다시 책장을 펼친 『미운 오리 새끼』는 그야말로 문제작이었습니다. 우리의 마음 깊은 곳을 마구 후벼 파는 부끄러움과 함께, 진정한 행복을 생각하게 해 주는 그런 동화였죠. 이 책은 안데르센의 삶을 알고 읽으면 더 많은 것을 생각하게 합니다. 모든 작품이 작가의 이력과 관련 있다는 생각에 찬성하진 않지만, 어떤 작품에는 작가의 삶이 녹아 들어간 경우도 있죠. 물론 이런 방식의 책 읽기는 침소봉대가 될 수도 있습니다. 그런데 『미운 오리 새끼』는 그런 작품에 속하지 않습니다. 이 책은 동화의 아버지로 알려진 안데르센의 심리적 독백이라고 할 만큼 작가의 삶이 많이 반영되어 있습니다.

독일의 시인이며 혁명적인 저널리스트였던 하인리히 하이네 Heinrich Heine는 안데르센을 다음과 같이 비루한 인간으로 묘사했습니다.

"안달복달하며 충성스럽기만 한 그의 행동거지에서 그가 왕들이 좋아하는 부류임을 알 수 있었다. 왕들이 그를 그토록 환대하는 것은 그 때문이었다. 그는 모든 시인의 완벽한 전형, 왕이 딱 좋아하는 시인이었다."

안데르센을 좋아하는 사람이라면 누구나 이 평가가 당혹스러울 수밖에 없을 것입니다. 하지만 안데르센의 삶을 알아길수록 하이네의 말을 부정하기는 힘듭니다. 개인적으로, 안데르센은 안쓰러운 인간은 될 수 있지만 호감 가는 인간이랄 수는 없습니다. 하지만 안데르센의 동화를 제대로 읽고, 또 미래의 어린 독자에게 선별해서 읽히기 위해서라도 안데르센의 안쓰러운 삶을 돌아볼 가치는 분명합니다.

안데르센은 덴마크 사람입니다. 오덴세에서 구둣방을 하는 집의 아들로 태어났고, 오페라 가수를 꿈꾸었다고 합니다. 당시 유럽에서 오페라의 인기를 생각하면 안데르센은 어릴 때부터 명예에 대한 욕망이 꽤 있었던 듯합니다. 그는 열다섯에 청운의 꿈을 안고 수도 코펜하겐으로 향합니다. 하지만 시골뜨기에 가난한 안데르센은 사람들에게 철저히 무시당했죠. 이때 안데르센의 후원자가 나타납니다. 바로 유럽의 신흥 부르주아 계급에 속한 극장 지배인 요나스 콜린이라는 사람이었습니다. 당시 부르주아는 사회를 지배하는 세력이면서도 귀족보다 아래였고, 프롤레타리아로 불린 하층 계급보다 한 수 위였습니다. 이들은 귀족에게는 근면과 성실로 자신들의 우위를 내세웠고, 하층 계급에게는 고상한 예법, 교양과 너그러움을 내세워 내려다보았습니다. 프롤레타리아였던 안데르센을 후원한 콜린 집안은 이런 부르주아의 표본이랄 수 있습니다.

콜린은 1822년부터 1827년까지 안데르센을 엘리트 사립 학교에 보냈습니다. 안데르센은 콜린을 '아버지'라 불렀는데, 그 호칭에 걸맞은 후원이 아닐 수 없죠. 콜린은 안데르센의 재능을 인정했지만, 그를 '교정'해야 한다고 생각했습니다. 부르주아 사회에서 생활하기 위해 안데르센은 말투와 몸가짐, 예법을 바꿔야 했으며 사립 학교에서 철저하게 고전 교육을 받아야 했습니다.

안데르센의 전기를 읽어 보면 그가 '동화의 아버지'가 된 데에는 다정한 할머니로부터 들은 수많은 옛날이야기가 큰 영향을 끼쳤음을 알 수 있습니다. 그러나 안데르센이 콜린을 만나지 못했다면, 동화 작가로서 성공했을지 장담하기 어렵습니다.

그림 형제가 독일의 민담을 정리한 책의 제목은 '어린이와 가정을 위한 옛날이야기'입니다. 그림 형제가 보기에 민담은 어린이에게 읽어 주기에는 적절치 못했습니다. 일반 가정에 보급하기엔 교양이 부족했죠. 그래서 그들은 민담을 '정리'했던 것입니다. 콜린이 안데르센의 말투와 어휘를 교정하려고 애썼던 이유도 비슷한 것이죠. 아마도 안데르센이 할머니로부터 들은 민담은 뻔뻔하고 외설스럽고 잔인했을 것입니다.

19세기 유럽 사회의 주류로 떠오른, 그야말로 '교양 있는' 부르주아는 눈살을 찌푸리게 하는 이야기를 절대 받아들이지 않았습니다. 때문에 안데르센은 재능을 발휘하기 전에 부르주아의 교양에 거슬리지 않는 법을 먼저 배워야 했을 것입니다. 어린 안데르센은 어떤 생각을 했을까요? 그의 속마음까지는 알 수 없지만, 그는 어쨌든 최선을 다해 자신을 세련되게 변회시켰습니다. 즉, 콜린 집안의 사람들을 마음속으로부터 사랑하고, 그들의 가족으로 손색이 없는 사람이 되려고 노력했습니다. 그는 특히 콜린 집안의 큰아들의 지지를 받기 위해 평생 애썼는데, 안데르센에게 콜린 가家의 맏아들은 모든 것의 모범이며 자기 작품에 대한 정확한 평가자였습니다. 하지만 결과적으로 안데르센은 그들에게 인정받지 못했다고 합니다.

반면, 안데르센은 유럽 전역에서 엄청난 환대를 받았습니다. 그는 굉장히 자랑스러워 했지만, 동시에 조국에서는 제대로 대접받지 못한다는 사실에 섭섭해 했습니다. 하지만 덴마크 부르주아에게 안데르센은 제 아무리 명성이 높다한들, 시골뜨기 하층 계급

출신에 불과했습니다. 안데르센을 후원했던 콜린 가 사람들도 그를 진정한 작가나 예술가로 대접하지 않았습니다. 그는 백조의 무리에 성공적으로 안착했지만, 백조에게는 마지막까지 미운 오리 새끼 출신이었던 것입니다.

안데르센은 그 평가를 담담히 받아들였을까요? 그는 비천한 오리 무리에서 사느니 백조 무리에서 비천하게 사는 것이 낫다고 생각했습니다. 그러면서도 자신에 대한 자부심은 대단했지요. 이는 그의 작품 곳곳에서 드러납니다.

미운 오리 새끼는 태어나면서부터 다른 오리와 달랐습니다. 그렇다고 특별한 차이가 있었던 것은 아닙니다. 단지 다른 오리보다 조금 클 뿐이었죠. 그런데도 오리들은 그를 '못생겼다'는 이유로 미워합니다. 새끼 오리는 이야기가 끝날 때까지 많은 고난을 겪는데, 그럴 때마다 자기가 조금만 더 예뻤으면 좋았을 것이라고 생각합니다. 그런데 '다른 것'은 왜 '못생긴 것'과 동급이 될까요? 오리 사회에서 아무도 새끼 오리에게 그 점을 지적해 주지 않습니다. 심지어 새끼를 품은 엄마 오리도 새끼 오리가 밉다는 것을 부정하지 않습니다.

다른 것 = 미운 것

위의 등식은 명백한 오류지만, 현실에서 여전히 유효합니다. 그래서 새끼 오리는 불행했고, 지금도 많은 약자들이 괴로워하고 있습니다. 동화 속 하류 사회인 오리 사회에서도 이 등식은 부정되지 않습니다. 동화는 새끼 오리가 백조가 됨과 동시에 끝이 납니다. 그렇기에 상류 사회인 백조 사회에서도 이 등식이 성립되는지는 알 수 없습니다. 하지만 상류 사회야말로 그 등식이 엄격하게 들어맞는다는 것을 우리는 알고 있습니다. 안데르센 또한 그 '다름'을 지우기 위해 많은 것을 바꿔야 했습니다.

새끼 오리의 비극은 그 등식을 내면화했다는 데 있습니다. 안데르센은 새끼 오리의 다름이 백조의 징후였다는 것을 암시하면서도, 그것으로 스스로의 존재를 높이는 수준에는 결코 이르지 못합니다.

> "정말 나는 밉게 생겼나 봐. 이젠 엄마까지도 날 미워하다니,
> 어디로든 멀리 달아나야겠다."

이런 탄식으로 시작된 새끼 오리의 여정은 다음과 같이 끝이 납니다.

> 아기백조는 지금까지 자기가 남에게 얼마나 구박을 받고 고생했는가를 생각해 보았습니다. 그렇지만 이제는 백조들 중에서도 가장 아름답다는 칭찬을 받게 되었습니다.

새끼 오리가 성장하면서 타인으로부터 상처를 받는 것은 어쩔 수 없지만, 고난을 거쳐 백조가 된 존재의 평가 잣대가 그 옛날 어른의 잣대와 같다는 것은 안타깝습니다. 백조가 된 새끼 오리는 "백조가 오리보다 더 아름답다"는, 다시 말해 상류 사회에 속한다는 것을 인정함으로써 행복을 느낍니다. 새끼 오리가 고난을 겪고 얻은 교훈이란 "뽐내지 않고, 오히려 부끄러워"할 줄 안다는 것입니다. 적어도 그는 미운 오리 새끼들에게 자신과 다르다고 미워하거나 괴롭히지 않을 것이라는 것을 확신시켜 줍니다. 그러나 백조가 된 존재, 즉 안데르센은 차별 자체가 누군가에게 상처를 준다는 인식에는 이르지 못하였습니다.

안데르센의 비굴함을 비난한 하이네는 안데르센과 비슷한 성장 과정을 거쳤습니다. 가난한 유태인으로 태어나 부유한 숙부의 후원으로 교육을 받았습니다. 그가 안데르센을 심하게 비아냥댄 것은 그 자신이 그 지점에 대해 고민해 본 일이 있기 때문이 아닐까 짐작해 봅니다.

아기 오리 시절을 지워 버린 백조, 그것은 바로 안데르센이었습니다. 백조가 오리 알 무리에 섞여 있었다는 것이 실수였던 것처럼, 안데르센이 상류 사회가 아닌 하류 사회에 태어난 것 자체가 운명의 실수라는 의식이 그에게는 있었습니다. 그런데 묘하게도 이 지점이 '보통의' 부르주아보다 자신이 훌륭하다는 인식을 안데르센에게 줍니다. 운명의 실수는 그에게 많은 고난을 겪게 했고,

이 고난을 통해 그는 백조들 중에서도 가장 아름다운 백조가 될 수 있었던 것이죠.

하지만 안데르센은 그래서 만족했을까? 그는 과연 행복했을까? 그는 몇 번이나 자서전을 쓸 정도로 입지전적인 자신의 삶에 만족해 했습니다. 하지만 편지들 속에 읽히는 그의 내면 풍경은 그다지 행복해 보이지 않습니다. 그는 항상 자신을 증명해야 했고, 평생 콜린 가 사람들에게 인정받고자 노력했지만 결국 인정받지 못했습니다. 사랑 또한 이루어지지 않았죠.

이쯤에서 다시 『미운 오리 새끼』로 돌아가 봅시다. 이 동화는 '외로움과 슬픔을 이기고 결국 행복해지는' 동화일까요? 제가 어른이 되어 읽는 동화는 그렇지 않았습니다. 이 동화에 대한 한 줄 평을 적어 본다면, '타인의 눈에 아름답게 보이기 위해 죽도록 고생했고, 어느 날 타인이 아름답다고 말해 주자 겨우 안심한 안타까운 존재의 이야기'정도랄까요.

다시 금연 선생의 말이 생각납니다. 그는 돈, 명예, 지위 등 타인의 눈으로 본 행복의 잣대를 유치한 것이라 말하며 진짜 어른은 이것으로 아무 것도 시작할 수 없다고 단언합니다. 진짜 어른이 무엇인지 알 수 없다고 해도, 타인의 눈을 지나치게 의식하는 것이 유치한, 즉 어린 마음의 소산이라는 것을 우리는 알고 있습니다. 사춘기 시절, 우리는 얼마나 남의 눈을 의식하며 살았던가요?

우리는 어른이 되면 남의 눈을 생각하지 않는다고 믿습니다. 하지만 필요 이상의 돈, 필요 이상의 명예, 필요 이상의 지위를 원하는 마음에 타인의 시선이 영향을 미치지 않았다고 말하기는 힘들 것입니다.

동화 속의 오리는 끝까지 자신의 눈으로 자아를 보지 못합니다. 평생토록 자신을 타인의 눈으로 보게 만드는 것, 타인의 눈에 아름답게 보이는 것이 최고의 성취라고 믿게 하는 것, 그 성취를 위해 고난과 역경을 참고 견뎌야 한다는 교훈은 부르주아 사회가 그 구성원을 지배하는 방식입니다. 이 지배 아래서 개인의 자아는 잊힙니다. 안데르센의 인생을 통해, 우리는 자아를 잊고 날개 따위는 생각할 겨를이 없었던 미운 오리 새끼가 결코 행복해질 수 없음을 알게 됩니다.

동화 넘어 인문학

페터 비에리의 『삶의 격』

인간의 존엄성.

우리는 인간이라는 이유만으로도 존재 가치가 충분하고, 그 인격을 존중받아야 한다고 배웠습니다. 굳이 '존엄성'이란 말을 꺼내지 않아도 한 인간이 왕이라는 이유로 특별히 존중받을 이유도 없고, 노숙자라고 하여 업신여김을 받아서도 안 된다는 것을 알고 있습니다. 입버릇처럼 본인 스스로를 보잘 것 없는 사람이라 칭한다 할지라도 그렇습니다. 존엄성은 모든 인간의 가장 깊은 곳에 있는 영혼의 지킴이이자, 아킬레스건이나 다름없습니다. 그래서 이것이 위협당하는 순간, 모든 사람은 위기감을 느낍니다. 자신의 온 존재가 위험하다는 것을 본능적으로 느끼죠. 하지만 자신의 존엄성을 지키는 일에는 대부분의 사람들이 무지합니다. 스스로 불멸할 것이라 믿었던 영웅 아킬레스가 그랬듯이, 한순간에 무너지고 나서야 상처 난 그것을 살피게 됩니다. 상처가 나면 치명적인 것이 바로 존엄성인데도 말이지요. 그렇다면 존엄성은 언제 훼손되는 것일까요? 그리고 어떻게 해야 우리는 치명상을 입기 전에 그것을 지킬 수 있을까요?

> 사람이 자기 스스로에게 책임을 진다는 것은 자기 자신을 인정하고 받아들이는 행위를 포함한다. 신념, 감정, 의지, 살아가는 총체적 방법 등이 이에 들어간다. 이것은 타인과 자신을 구분 짓는 능력과 용기를 의미한다. 이것은 또 다른 면에서 갈등을 회피하지 않는 강함을 뜻한다.

어릴 적에는 어른이 되면 누구나 자기 뜻대로 삶을 살아간다고 믿었습니다. 하지만 어른이 된 지금 우리는 그것이 얼마나 어려운 일인지 알고 있습니다. 자기 뜻대로 책임지며 자유롭게 산다는 것은 어른이 된 후에도 아득한 일처럼 느껴지지요. 우리는 밥벌이를 위하여 자신이 원하는 것을 포기하고, 나만의 생각을 실행에 옮기지 못합니다. 경제적으로 독립하여 사는 것이 이 사회에서 어른에게 원하는 첫 번째 덕목이기 때문입니다. 적어도 자신의 삶을 책임진다는 생각에 대충 위로하면서 살지만, 어느 순간에 이르면 자신이 무엇을 위해 살고 있는지 헷갈리기 시작합니다. 누군가의 자식, 어딘가의 직원, 누군가의 배우자, 누군가의 부모라는 이름으로 살다가 자기 자신은 어디에 있는지 의문이 들기 시작하는 것입니다. 내 손을 떠난 삶을 붙잡기 위해 애써 보지만 어떻게 해야 할지 모르겠다는 생각이 들 때, 페터 비에리의 조언은 도움이 됩니다.

페터 비에리는 자신의 삶을 책임지기 위해서는 자신을 인정하고 받아들여야 한다고 말합니다. 쉽지 않은 일입니다. 누구에게나 자신에 대한 꿈과 이미지가 있지요. 자신이 원하는 스펙, 외모, 경제력과 현실의 차이가 클수록 현재의 자신을 받아들이기란 어려운 일입니다. 눈앞에 펼쳐지는 아름다운 것들로부터 시선을 돌려 초라한 자신의 현실을 인정하는 일이 끔찍할 때도 있지요.

게다가 '미운 오리 새끼'처럼 타인의 비난까지 더해진다면 자신을 지킨다는 일은 더더욱 힘에 겨울 겁니다. 하지만 새끼 오리처럼 누군가에게 사랑이나 인정을 받기 위해 길을 떠나는 것은 성답이 아닙니다. 왜냐하면 타인에게 인정을 받기 위해 떠난 여행은 끝이 없을 뿐더러, 누구도 나에 대해 나만큼 고민해 주지 않기 때문이죠. 그러니 타인의 시선에 삶이 흔들린다는 것은 무책임한 타인에게 자신의 존엄성을 심판해 달라고 하는 것과 다를 바가 없습니다.

『리스본행 야간열차』로 유명한 소설가이며 철학자인 페터 비에리는 『삶의 격』이라는 책을 통해 다양한 각도로 존엄과 그 존엄이 훼손당하는 경우를 보여 주고 있습니다. 그에 의하면 인간은 타인에게 어떤 취급을 받느냐, 타인과 나의 관계가 어떻게 맺어져 있느냐, 그리고 내가 나 자신을 어떻게 취급하느냐에 따라 존엄을 지키기도 하고 훼손당하기도 한다고 말합니다.

얼마 전, 우리나라에서 혼밥, 즉 혼자 밥 먹는 횟수가 가장 많은 계층이 초등학생이라는 뉴스를 들었습니다. 인생에서 가장 식욕이 왕성하고 한참 커야 할 나이, 그래서 부모가 챙겨 주는 밥상을 당연하게 받아야 할 시기의 아이들이 편의점에서 혼자 컵라면과 삼각 김밥을 먹는다는 뉴스에 잠시 어안이 벙벙했습니다. 아이들이 혼자서 부실한 밥을 먹는 이유는 단 하나, 학원에 가기 위해서였습니다. 공부를 위해 한 끼 정도는 소홀해도 된다는 선택을 한 것입니다. 물론 아이들의 선택이 아니라 어른의 선택이었겠죠. 어떤 어른들은 미래를 준비하는 것이 더 중요하다고 말할지도 모릅니다. 어쩌면 맞는 말일 수도 있습니다. 그것이 초등학생의 선택이라면 말이지요. 하지만 지식 외에 올바른 삶의 방식을 배워야 하는 시기라는 면에서 그것은 치명적인 선택이 아닐까요?

존엄성을 지킨다는 말은 거창해 보이지만, 결국은 자기 자신을 지킨다는 말입니다. 육체는 '자기 자신'의 첫 번째이자 가장 기초적인 요소죠. 자신의 몸을 존중하고, 키우고, 단련하는 법이야말로 가장 어린 시절에 배워야 하는 기초가 아닐까요? 한 끼의 소중함을 깨닫게 하고, 그 시간을 충실히 누리는 법을 배우는 것도 기나긴 인생을 위한 수업이 아닐까요?

우리 사회는 어릴 적부터 남의 기준에 맞춰 살도록 강요합니다. 공부라는 타인의 기준에 맞추기 위해서라면 나 자신 '따위'는 무시해도 된다는 메시지를 끊임없이 주입합니다. 하지만 어른이 되면 누구나 알게 됩니다. 정말 중요한 결정 앞에서 타인의 기준이나 사례는 아무 쓸모 없다는 것을. 그리고 나 자신이 누구인지, 아무 것도 모른다는 것을 말이지요.

자신을 가벼이 여기는 삶은 자신의 존엄성을 훼손시키는 삶입니다. 그 시간이 오래될수록 우리는 인생 전체가 흔들릴 정도로 헤매게 됩니다. 정신을 차리고 싶어도 자신이 누구인지 모르니 어떤 부분이 약한지 모릅니다. 작은 펀치 하나에 온 존재가 휘청이고 나면 이미 때는 늦었죠. 이렇게 모든 것이 엉망이 되었다고 느끼는 순간이 하루에도 수십 번씩 닥쳐오기도 합니다. 하지만 그럴 때일수록 우리는 정신을 차리고 기본으로 돌아가야 합니다. 어릴 적에 배워야 했던 끼니의 중요함, 체력 키우기 등을 이제라도 시작해야 합니다. 자신의 손과 발을, 눈과 코와 입술을 하나하나 들여다보고 머리에 새기며 자신과 사귀어야 합니다. 그렇게 자신이 누구라는 것을 알아차려야 합니다. 자신을 인정해 가며 자신의 생각과 삶의 방식을 하나하나 받아들여야 합니다. 돌아가는 길이라 더디고 어렵지만, 한 가지 위로할 만한 것은 인간은 생각보다 견고하다는 점입니다. 스스로 빗장을 열어 주지 않는 한, 우리는 그렇게 쉽게 무너지지 않는다는 것입니다.

6.
나의 행운과 불행은 누가 만드는가

전래 동화 『하산 이야기』 - 존 롤즈의 『정의론』

"그 사람에게 장사를 시켜서 돈을 버는지 어쩌는지 지켜보잔 말일세. 난 정직하고 부지런한 사람이면 그 돈으로 부자가 될 수 있다고 믿거든. 자네가 말한 운 따위는 없더라도 얼마든지 행복해질 수 있다는 걸 보여 주겠네." - 동화 『하산 이야기』

법이나 제도가 아무리 효율적이고 정연하다 할지라도 그것이 정당하지 못하면 개선되거나 폐기되어야 한다. (…) 정의는 타인들이 갖게 될 보다 큰 선을 위하여 소수의 자유를 뺏는 것이 정당화될 수 없다고 본다. 다수가 누릴 보다 큰 이득을 위해서 소수에게 희생을 강요해도 좋다는 것을 정의는 용납할 수 없다. — **인문학 『정의론』**

『하산 이야기』

이슬람 설화집인 『아라비안 나이트』에는 「하산 이야기」라는 단편 이야기가 있습니다. 주인공 '하산'은 가난한 상인입니다. 바그다드의 시장 한쪽, 등불도 제대로 켤 수 없는 후미진 가게에서 자기가 만든 밧줄을 팔아 생계를 꾸리고 있습니다. 당시 세계 최고의 부자 도시 바그다드, 그 번영 속에서도 끼니를 잇지 못하는 가난한 사람들이 있었으니, 밧줄 가게의 하산도 그들 중 한 명이었습니다.

가난하지만 진실하고 정직한 하산의 진가를 알아주는 사아드라는 부자가 있습니다. 그는 바그다드에서 손꼽히는 부자인데, 그에게는 그보다 더 부자인 사아지라는 친구가 있습니다. 가진 것이라곤 무형의 인간성밖에 없는 하산에게는 자신이 만든 밧줄과는 비교도 안 될 정도로 가느다란 '인맥'이 있는 셈입니다.

어느 날, 사이드와 사아지는 바그다드 시장을 산책합니다. 둘 다 유명한 부자지만, 부자 안에도 등급이 있다고 하죠. 사이드는 사아지를 가리켜 자신이 바라볼 수 없을 정도의 부자라고 평합니다. 그런 사아지가 자신과 사귀는 이유는 그가 돈으로 사람을 사귀지 않기 때문이라고 그를 치켜세우기까지 하죠.

그런 두 사람을 친구로 이어 주는 것은 바로 종교입니다. 두 사람은 신 앞에 모든 이가 평등하다고 믿습니다. 돈 따위로 사람을 평가할 수 없다는 믿음이 둘에게는 있는 것이죠. 하지만 돈, 즉 부귀영화에 대한 생각은 좀 다릅니다. 바그다드에서 다섯 손가락 안에 꼽힐 정도의 부자 사아지는 돈처럼 소중한 것은 없으며 돈을 벌면 성실하게 운용하여 더 큰 돈을 벌어야 한다고 말합니다. 하지만 사이드는 돈보다 소중한 것은 얼마든지 있으며 돈을 쌓아 둘 것이 아니라 남을 위해 쓸 줄 알아야 한다고 말합니다.

이런 종류의 논쟁이 늘 그렇듯 둘 사이의 의견 차이는 좁혀지지 않습니다. 서로 근거를 대고 예시를 제시하며 자기 주장이 옳음을 증명하려고 하죠. 누구도 서로의 이야기에 수긍하지 못합니다. 사이드는 밧줄 가게 하산의 이야기를 해 줍니다. 비록 가난하지만 진실하게 신을 섬기는 사람으로서 자신이 아는 가장 정직한 사람이라고 말이죠. 사아지는 그런 사람이 왜 그렇게 가난한 거냐고 묻습니다. 사이드는 그에게 운이 없었기 때문이라고 말하죠. 사아지는 반론을 펼칩니다. 하산이 가난한 이유는 운 때문이 아니라 두 가지 가능성 때문이라고요. 하나는 그 자신이 불성실하기 때문이라는 것, 다른 하나는 자본이 없어서라는 것. 사이드는 하산을 성실한 사람이라고 말합니다. 그러자 사아지가 한 가지 제안을 합니다.

> "그 사람에게 장사를 시켜서 돈을 버는지 어쩌는지 지켜보잔 말일세. 난 정직하고 부지런한 사람이면 그 돈으로 부자가 될 수 있다고 믿거든. 자네가 말한 운 따위는 없더라도 얼마든지 행복해질 수 있다는 걸 보여 주겠네."

사아드와 함께 하산을 만난 사아지는 하산의 추레한 몰골에 의구심을 품지만 금화가 가득한 주머니를 주고 떠납니다.

갑자기 많은 금화를 얻게 된 하산의 마음은 어땠을까요? 가슴이 두근거리며, 정신이 아득해집니다. 복권 1등에 당첨된 것 같은 하산. 가난뱅이가 그렇듯, 아니 인간의 본성이 그러하듯 하산은 가장 먼저 먹거리를 떠올립니다. 가난한 가장이었으니 그동안 배곯는 아이들이 얼마나 눈에 밟혔겠습니까? 하산은 그 길로 정육점으로 달려갑니다.

하산은 정육점에서 고기를 양껏 사고 값을 치르고는 새삼 두려움을 느낍니다. 많은 돈을 잃어버리면 어쩌나 하는 마음이 생긴 것이죠. 하산은 궁리합니다. 그리고 누구도 건드리지 않을 장소를 생각해 냅니다. 바로 터번 안이었습니다.

무슬림 남자의 전유물인 터번은 아닌 게 아니라 아무도 건드릴 수 없는 곳인 것 같습니다. 소매치기를 하려 해도 너무 높은 곳에 있어 바로 티가 나니까 말이죠. 혹시 강도를 당하더라도 터번 안쪽까지 살피는 사람이 없을 것이라고 하산은 생각합니다. 그래서 소중한 돈을 머리 위 터번에 숨기고 포장된 고기를 소중히 감싼 채 집으로 돌아갑니다.

배불리 먹일 자식들 생각에 싱글벙글한 하산. 그런데 하늘에서 웬 솔개 한 마리가 고기 냄새를 맡고 하산을 향해 쏜살같이 달려듭니다. 하산은 고기를 빼앗기지 않으려고 몸을 잔뜩 웅크리는데, 그만 터번이 바닥에 떨어지고 맙니다. 솔개는 그것을 고기로 착각했는지 터번을 물고 저 하늘 높이 사라지고 맙니다. 세상에서 가장 안전하다 믿었던 터번이지만 불운 앞에는 소용없었던 것입니다.

몇 달이 지나고 사아드와 사아지는 문득 하산이 생각납니다. 그때의 내기를 마무리도 할 겸, 하산의 처지가 얼마나 바뀌었을지 궁금하기도 해서 그들은 다시 산책에 나섭니다. 하지만 그들이 마주한 사람은 몇 달 전과 다를 바 없이 가난하고 추레한 하산입니다. 하산은 울면서 그때의 일을 이야기합니다. 사아드는 하산의 말을 믿었지만, 사아지는 황당무계한 이야기라고 화를 내죠. 하지만 친구 사아드의 체면을 위해 다시 한 번 내기를 해보기로 합니다. 전과 똑같은 돈주머니를 주고, 하산의 운명이 어떻게 바뀔지 확인하기로 한 것이죠. 하지만 이번에도 하산은 어처구니없는 실수로 돈을 다 잃고 맙니다.

몇 달 뒤, 하산의 이야기를 들은 사아드는 한숨을 쉬고, 사아지는 거짓말이라며 노발대발합니다. 사아드는 사아지를 진정시키며 밧줄 가게를 나섭니다. 그러면서 하산에게 길에서 주운 무언가를 줍니다.

> "자네에게 이걸 주겠네. 운만 트인다면, 비록 보잘 것 없는 추 한 개지만 도움이 될 걸세."

사아드의 말에 사아지는 콧방귀를 뀝니다. 금화로 가득한 돈주머니 두 개로도 바꾸지 못한 운명을 그물추 하나로 어떻게 하겠느냐는 것이죠. 그물추란 그물이 바닥으로 가라앉게 해 주는 물건입니다. 사아지 말대로 그물도 아니고 그물추 세트도 아니고, 단 하나의 그물추를 어디에 써야 할지 하산도 모릅니다. 그저 나으리가 주신 것이니 가게 한쪽에 놓아둘 밖에요.

그럼, 하산은 부자가 되었을까요? 당연히 그렇게 되었으리라는 것을 우리는 압니다. 그게 이야기의 법칙이니까요. 하산은 그냥 부자도 아니고, 바그다드 제1의 부자가 됩니다. 사아지는 그 아래, 사아드는 다시 그 아래의 부자가 되고요. 하지만 우리는 결과보다 과정이 궁금하죠. 하산은 어떻게 그물추 하나로 부자가 되었을까요?

사연은 이렇습니다. 사아지와 사아드가 돌아간 그날 밤, 이웃의 어부 부부가 그물을 손질하다가 추 하나가 사라졌다는 것을 알아차립니다. 추 하나는 하잘 것 없지만, 추 하나가 빠진 그물도 쓸모없기는 마찬가지죠. 이웃을 돌아다니며 그물추 하나를 찾던 부부는 하산의 집에서 그것을 발견하고, 다음 날 바다로 나가 만선의 기쁨을 얻습니다. 그리고 감사의 표시로 큼지막한 물고기 한 마리를 하산의 집에 보냅니다.

하산이 부자가 된 것은 그 물고기 속의 보석 덕분이었습니다. 지금껏 한 번도 보지 못한 크기의 보석으로 하산은 넉넉한 밑천을 얻게 되고, 성실과 정직으로 바그다드의 밧줄 노동자와 상인을 묶어 협동조합 같은 형태를 만듭니다. 어부에게도 한 밑천 떼어 주고 주변 상인에게도 적절히 나눠 주죠. 모두 부자가 되는 방식으로 밧줄을 생산하고 팔았던 하산은 결국 바그다드 최고의 부자가 된 것입니다. 이야기의 후일담에서 사아지는 하산이 거짓말을 하지 않았다는 것을 알게 됩니다.

처음에는 참 재미있는 이야기였습니다. 그런데 가끔 사아지와 사아드의 논쟁에서 진짜 누구 말이 맞는지 궁금했습니다. 부자가 되는 이유가 궁금한 것이 아니라 인간의 일이 운, 즉 신의 은총 덕분인지, 자본과 인간의 의지와 됨됨이 때문인지 궁금한 것이죠. 물론 어떤 사람은 운칠기삼運七技三이라고 말하기도 하죠. 그래서 이 논쟁에 끼어드는 건 미로에 빠지는 것과 같을지 모릅니다. 어떤 문제는 답이 없기도 하니까요. 그렇다면 이 이야기는 그저 하산이 부자가 된 황당한 이야기일 뿐일까요? 하산의 별장에서 흐뭇한 잔치가 끝난 후, 돌아가는 길에 사아지는 사아드에게 말합니다.

> "사람의 행복은 돈으로만 이루어지는 게 아니라는 걸 난 이제 절실히 깨달았네. 눈에 보이지 않는 조그만 운의 실마리, 그걸 놓치지 않는 게 중요하다는 것도 알았고……. 아무튼 정직한 마음가짐으로 부지런히 일하면 언젠가 행운이 찾아오는 게 틀림없다고 믿네."

사아드가 이겼습니다. 하지만 사아드는 자기 생각이 맞았다고 좋아하지 않습니다. 오히려 사아지의 생각처럼 운이 있었다 해도 사아드가 준 밑천이 없었다면, 하산이 부자가 될 생각조차 해보지 않았을 것이라고 생각합니다. 그들은 서로의 말이 옳다고 고집을 부리기보다는 상대의 주장에 공감합니다.

이 대목에서 저는 그 옛날 바그다드의 풍요로움의 비밀을 알아차린 것만 같았습니다. 한 사람의 운명에 대해서는 아직도 누구의 말이 옳은지 편을 들기 힘듭니다. 하지만 한 도시가 융성하기 위해서는 무엇이 필요한지 이들이 알려 주었던 것이죠. 타인의 말에 귀를 기울이고 얼마든지 자신의 생각을 바꿀 수 있는 유연한 사람들이 옛날 옛적 풍요로운 바그다드의 비밀이었던 것입니다.

존 롤즈의 『정의론』

우리나라 헌법 제11조 1항에는 '평등'에 대해 이렇게 적혀 있습니다.

> 모든 국민은 법 앞에 평등하다. 누구든지 성별·종교 또는 사회적 신분에 의하여 정치적·경제적·사회적·문화적 생활의 모든 영역에 있어서 차별을 받지 아니한다.

하지만 우리가 사는 사회는 헌법 제11조 1항을 비웃기기라도 하는 듯합니다. 평등은커녕 헌법 정신까지 많이 훼손되고 있으니까요. 모든 이의 평등이 명시되어 있는 헌법이 모든 법에 우선한다는 것은 우리의 최후 보루 같은 것입니다. 바른 사회라면 모두가 평등한 상태에서 자율적으로 경쟁하고 조화를 이루며 살아가는 것이 가능해야 한다고 믿고 있습니다. 하지만 '평등'이란 무엇일까를 생각해 보면 의견이 분분해집니다.

- 연봉 100억 원인 사람과 연봉 1,000만 원인 사람에게 똑

　　　　같이 징수되는 교통범칙금
　　－ 월 500만 원짜리 학원에 다니는 학생과 급식비도 내기 힘
　　　 든 학생의 수학능력시험
　　－ 부모의 도움을 받아 집을 장만한 신혼부부와 대출을 받
　　　 아 월세 보증금을 마련한 신혼부부의 살림살이

　위의 예에서 우리는 '평등'을 말할 수 있을까요? 경쟁도 하기 전에 한 쪽이 진 것 같은 느낌이 듭니다. 그 옛날, 바그다드에 살았던 사아지와 사아드의 찜찜한 기분도 바로 이것이었을 듯합니다. 우리는 부자인데, 저 훌륭한 하산은 왜 가난한가? 노력이 부족해서인가, 은총이 부족해서인가. 사아지와 사아드가 가난한 하산을 두고 행한 내기는 어쩌면 '평등'에 대한 중요한 실험이었는지 모릅니다. 그리고 그 실험은 어떤 답도 없이 끝이 납니다. 답은 없지만, 훈훈하죠. 훈훈한 이유는 하산이 부자가 되어서가 아니라, 바그다드에 가득한 관용 정신 때문이었고요.

　하지만 신의 은총에 대한 확신도, 왕에 대한 경의도 사라지면서 사람들은 평등을 다시 생각합니다. 프랑스혁명의 인권선언, 미국의 독립선언 등을 통해 인류는 "모든 인간은 평등하다"는 인식을 공유하게 됩니다. 그리고 그 인식을 신이나 왕이 아닌 시스템으로 보증해 둡니다. 우리의 삶을 규정하는 법, 그 중에서도 헌법이 바로 그것이지요. 시스템이 잘 돌아가는 사회가 정의로운 이유는 모

든 사람이 법 앞에 평등하다는 것이 실현되기 때문입니다. 하지만 시스템은 다수의 계약에 의해 만들어진 것이기에 신이나 왕권 같은 불가침한 영역이 아닙니다. 그래서 우리는 좀 더 정의로운 사회를 위해 시스템에 대하여 늘 고민하는데, 현대 철학자 중에 이를 깊이 고민한 학자가 바로 존 롤즈*입니다.

> 법이나 제도가 아무리 효율적이고 정연하다 할지라도 그것이 정당하지 못하면 개선되거나 폐기되어야 한다. (…) 정의는 타인들이 갖게 될 보다 큰 선을 위하여 소수의 자유를 뺏는 것이 정당화될 수 없다고 본다. 다수가 누릴 보다 큰 이득을 위해서 소수에게 희생을 강요해도 좋다는 것을 정의는 용납할 수 없다.

우리나라에서는 '국가를 위하여', '경제 발전을 위하여' 소수에게 희생을 강요하는 일이 많습니다. 세월호 유가족에게 침묵을 강요한 정부가 그랬고, 노동자에게 희생을 요구한 재계財界가 그랬죠.

우리와 상관없는 커다란 사안에 대해서 우리는 정의롭지 못하다고 화를 낼 수 있습니다. 하지만 그것이 나의 이해관계 안에 있을 때도 똑같이 화를 낼 수 있을까요? 가령 똑같은 교통법 위반인데 연봉 100억 원을 받는 내게는 1억 원짜리, 연봉 1,000만 원 받

● 존 롤즈(John Rawls, 1921~2002)는 미국의 철학자로, '정의'라는 한 주제에 대해 깊이 연구한 학자로 정평이 나 있다.

는 사람에게는 1,000원짜리 범칙금을 부과한다면 어떨까요? 고액 과외 수업을 받는 나는 기초생활수급자인 수험생보다 어려운 시험을 통과해야 한다면? 회사에서 아파트 소유자인 나만 빼고 무주택자인 직장 동료에게만 보너스를 준다고 한다면? 아마 흔쾌히 좋다고 말하기는 힘들 것입니다. 사례가 너무 극단적인가요? 하지만 재능이라든가, 건강이라든가, 집안 환경 같은 좀 더 미묘한 부분으로 들어가면 우리는 타인의 복지를 불평등이라 인식할 수 있습니다. 태아 때부터 유아기까지의 단백질 섭취가 두뇌 발달에 결정적 영향을 끼친다는 것은 이제 상식입니다. 재능이나 아이큐 같은 저절로 얻은 것처럼 보이는 태생적 능력도 어찌 보면 산모가 경험한 환경의 불평등에서 시작된 결과일 수 있다는 것이죠.

물론 그렇다고 천부적 재능을 타고났거나 화목하고 부유한 집안에 태어난 개인이 잘못이라거나 정의롭지 못하다는 말은 아닙니다. 다만 정의로운 사회가 행복한 사회라는 말에 동의를 한다면, 우리도 사이지나 사아드가 그러했듯이 한 가지 실험을 해 볼 필요가 있습니다. 원인을 찾기 위한 실험이 아니라 우리의 시스템을 정의롭게 만들기 위한 실험을 말이죠.

존 롤즈는 이를 위한 사고 실험을 제안했습니다. 통칭 '무지의 베일'이라 불리는 실험이죠. 내가 남한에 태어날지 북한에 태어날지 모르는 상태, 나의 집이 부자일지 가난할지 모르는 상태, 내가 이성애자가 될지 동성애자가 될지 모르는 상태, 내가 건강할지 아

닐지 모르는 상태……. 아무 것도 모르는 무지의 베일 속의 인간
이 자신을 보호하기 위해 할 수 있는 일이란 최대한 공정한 사회
시스템을 만드는 것뿐입니다.

진짜로 태어나기 전에 세상의 시스템을 만들 수 있다면 이 세
상이 더 행복하지 않을까 생각해 봅니다. 물론 불가능한 가정이
죠. 하지만 우리에게는 상상력이라는 것이 있습니다. 얼마든지 생
각해 볼 수 있죠. 그리하여 롤즈의 이 가정은 아주 좋은 도구라고
생각합니다. 내가 생각하는 평등을 다른 사람이 불평등이라 말할
때, 다른 사람의 평등이 내게는 너무나 불평등하게 느껴질 때, 잠
시 무지의 베일을 꺼내 보는 것은 어떨까요? 무지의 베일까지 가
지 않아도 우리는 지금보다 훨씬 더 공정하고 풍요로운 사회에서
살 수 있습니다. 나의 생각이 틀릴 수 있다는 것을 인정하여 타인
의 말에 귀를 기울이기만 해도 말이죠. 유연한 사고를 지닌 사람
들이 함께 지혜를 모을 수 있는 사회는 풍요롭고 살기 좋을 것입
니다. 그리하여 누군가는 쓸모없는 그물추 하나로도 운이 트일 수
있을 것입니다. 누군가의 운도 결국 좋은 사회 시스템이 작동해야
만 완성되는 것이니까요.

7. 타인의 시선을 피하는 방법

한스 안데르센의 『벌거숭이 임금님』 ― 니콜라이 고골의 『외투』

"벌거숭이다! 임금님은 벌거숭이다!" ― 동화 『벌거숭이 임금님』

"날 좀 내버려 둬요. 왜 이렇게 나를 못살게 구는 거요." (…)
"어떻게 감히 이럴 수가 있나? 누구와 이야기하고 있는지 알고나 있나? 누구 앞인
지 아느냔 말이야?" — 인문학 『외투』

한스 안데르센의 『벌거숭이 임금님』

옷을 몹시 좋아해서 옷에 관한한 사치를 마다 않는 왕에게 사기꾼이 들러붙습니다. 사기꾼은 착한 사람에게만 보이는 옷감으로 옷을 만든다고 거짓말을 합니다. 그러면서 너무 예민한 작업이라 왕에게는 옷을 완성한 후에 보여 주겠다고 하죠. 왕은 자기 대신 신하들에게 옷을 구경하고 오게 합니다. 이미 소문을 들은 신하들은 사기꾼의 옷을 칭송하기 시작합니다. 그리고 드디어 새 옷이 공개되는 날, 왕의 눈에는 빈 옷걸이만 보입니다. 하지만 여기저기에서 찬탄하는 목소리가 들려오죠. 왕은 차마 아무것도 보이지 않는다고 말할 수 없었습니다. 옷이 보이지 않는다는 것은 자신이 착하지 않다는 말과 같으니까요. 결국 왕은 보이지 않는 옷을 입어 보고 거미줄처럼 가볍다며 사기꾼들을 칭찬합니다. 어쩌면 자신에 대한 확신이 강했던 나머지 환각을 보았을지 모를 일입니다. 어쨌든 왕은 그 옷을 입고 퍼레이드를 펼치기로 합니다. 온 나라 사람들이 이 신기한 옷을 구경하러 모입니다. 하나같이 옷을 칭찬하며 퍼레이드를 봅니다. 그 때, 한 아이가 외칩니다.

"벌거숭이다! 임금님은 벌거숭이다!"

『벌거숭이 임금님』은 부패하고 허위의식으로 가득한 권력층을 비웃는 대표적인 이야기입니다. 권력에 아부하는 사람들, 권력에 눈 먼 사람들에 대한 우화로 이보다 훌륭한 이야기를 찾기도 쉽지 않죠. 그 부끄러움을 드러내는 쪽이 가장 힘없는 어린이라는 면에서 더욱 통쾌함을 줍니다. 부끄러워해야 할 쪽이 부끄러워하고, 당당한 쪽은 실컷 그들을 비웃습니다.

하지만 교훈이 너무 뻔해서일까요? 어른이 되어서는 이야기의 다음 장면이 궁금했습니다. 왕은 어떻게 그 상황을 무마하고, 자기 자리로 돌아갔을까? 행차는 어떻게 멈추었을까? 다시 외출이나 할 수 있었을까? 한편으로는 어이가 없었습니다. 한 번도 왕처럼 살아 본 적이 없는데, 왕의 당혹감과 처신을 궁금해 하는 제가 말이죠.

교과서에서인가, 김소운의 「가난한 날의 행복」이라는 수필을 읽은 적이 있습니다. 아내가 밥상을 차려 주고 일하러 가면서 소박한 밥상에 한 줄 쪽지를 남겼다는 이야기입니다. 그 쪽지에는 "왕후의 밥, 걸인의 찬"이라고 적혀 있었던 것으로 기억합니다. 밥은 어떻게 구했는데, 반찬이 간장 한 종지뿐인 상황을 재치 있게 표현하였다고 했습니다. 그런데 어른이 되어 『벌거숭이 임금님』을 읽으니, 밑도 끝도 없이 그 아내의 쪽지를 표절한 글귀가 떠올랐습니다. 왕후의 부담, 걸인의 옷.

좀 억울했습니다. 임금은 위치가 위치니만큼 모든 사람의 시선에 노출되어 있습니다. 일상생활 전체가 사람들의 평가를 받기 마련이죠. 그러니 임금의 옷사치도 이해는 됩니다. 하지만 임금은 권력과 부가 있습니다. 임금의 행동과 결정이 사람들의 삶을 좌우하니, 주목을 받는 것도 이해가 되지요. 왕후장상王侯將相, 영웅의 운명이니까요. 하지만 우리는 소시민입니다. 타인의 운명은커녕 자신의 생활조차 마음대로 하기 힘들죠. 그런데 왜 어른이 될수록 들통난 벌거숭이 임금의 다음이 궁금해지는 걸까요? 멋진 옷은 1년에 한 벌 살까 말까인데, 벌거벗은 임금에 감정이입이 되는 것은 왜일까요?

가만히 돌이켜 보니 우리는 소시민에게 감정이입을 한 적이 없다는 생각이 들었습니다. 어릴 적 읽은 동화나 어른이 되어 즐기는 영화의 주인공들 대부분은 특별한 사람들이죠. 그러니까 그들에게 감정이입을 하는 것이 당연할지도 모르겠습니다. 하지만 그것은 어디까지나 즐기기 위한 것입니다. 독서나 영화 관람이 끝난 후에 일상생활에서 씁쓸함을 느낀다면, 우리의 내면에서 무슨 일이 벌어졌다는 뜻이겠죠. 저는 그것이 일상적 감정이입의 문제라는 생각을 했습니다. 즐길 때나 진행되어야 할 감정이입이 우리의 일상생활까지 지배하고 있다고 말이죠.

평범한 우리가 특별한 사람에게 감정이입을 하면서 특별한 사람의 성취를 목표로 삼다 보니, 작은 성취 같은 것은 보이지 않습니다. 커다란 목표를 바라보니 자신은 늘 제자리, 실패자인 것만 같습니다. 그러다보니 우리 내면은 스스로 관객이 되어 평범한 자신을 향해 손가락질합니다.

이 사회는 늘 성공하라고 세뇌를 하죠. 성공해야 행복해진다는 이데올로기가 내면 깊이까지 침투해 있습니다. 백인백색百人百色이라고 하는데, 이 사회에서는 성공의 모습까지도 기성품처럼 정해져 있습니다. 도심의 평수 넓은 아파트, 멋진 자동차, 명품 옷과 액세서리 등등. 이런 것들을 갖춘다고 행복해지지 않는다는 말이 맞다고 생각하면서도 성공으로 가는 궤도에서 이탈하는 것은 불안합니다. 그래서 우리는 성공을 위하여 맹목적으로 달려갑니다. 성공하면 행복해질 것이라는 말을 되뇌이면서요. 하지만 성공이란 자기 충족한 삶을 사는 것이 아니라, 자기가 충족할 수 있을 것 같거나 충족해야만 할 수준의 무언가를 끊임없이 욕망하는 것입니다. 임금에게 가장 멋진 옷이 성공의 척도였듯이 우리도 결코 도달하지 못할 목표를 위해 미친 듯 달려갑니다. 자기계발이란 말이

고전적 단어가 되고, 이미지 메이킹이란 말도 시들해지니 이제 셀프 브랜딩이란 말까지 나오고 있습니다. 지금 여기에서 충족하는 삶은 임금에게는 어울리지 않는, 성공한 사람에게는 있을 수 없는 퇴화죠.

"나는 이 정도 디자인과 옷감이면 만족해" 혹은 "나는 여기까지만 성공할래"라고 말하는 순간, 비웃음을 당하기가 쉽니다. 이렇게 불안정한 사회에서 멈추는 순간 허물어질 것이라는 불안도 만연하죠. 사실 우리 사회에서 소시민의 충족한 삶은 살짝 밀기만 해도 무너질 만큼 허약합니다. 모두가 그것을 알기에 만족하고 싶어도 만족할 수 없습니다. 그러니 우리는 소시민이면서도, 평생 소시민에서 벗어날 수 없으면서도, 마치 임금이라도 된 양 임금과 같은 각오와 부담감을 안고 달려야 하는 것입니다.

어른으로 성장하는 동안 소시민으로 살아도 된다는 말을 들어본 적 없는 사회, 임금이 되어 본 적도 없는데 벌거벗었다고 손가락질하는 사회. 지금 우리에게 정말 중요한 것은 무엇인지, 그것을 지키기 위해 더 무엇을 노력해야 하는지 생각해 봅니다.

니콜라이 고골의 『외투』

안데르센과 비슷한 시기에 살았던 러시아의 소설가가 있습니다. 바로 니콜라이 고골˚입니다. 그의 단편 소설은 촌철살인으로 우리의 삶을 포착하는데, 특히 『외투』는 제가 『벌거숭이 임금님』의 후일담이 그토록 궁금했던 이유를 알려 줍니다.

태어나면서부터 가난한 소시민의 삶에서 벗어날 수 없는 숙명 같은 것을 타고난 아까끼 아까끼예비치. 이상한 이름이죠? 사실 어머니는 아이에게 좋은 이름이라도 지어 주자고 아버지에게 말했습니다. 하지만 태어난 날의 성인聖人 이름이라든가, 관습에 따라 지어야 하는 이름들은 더욱 이상했습니다. 결국 아까끼예비치는 아버지의 이름을 물려받을 수밖에 없었죠. 여기서 신기하게도 어머니는 아주 쉽게 이를 받아들입니다.

"그 애 운명이 그런가 보군요."

˚ 니콜라이 바실리예비치 고골(Nikolai Vasilievich Gogol, 1809~1852)는 러시아의 비판적 리얼리즘 문학의 창시자로서, 주로 하급 관리의 비참한 생활이나 몰락한 지주 계급의 생활을 사실적으로 그렸다.

갓 태어난 아이를 보면 희망을 갖기 마련인데, 200년 전 러시아는 희망의 상징조차 힘을 잃어버릴 만큼 암울했던 모양입니다. 어쨌든 아까끼예비치는 자라서 9급 문관이 됩니다. 한국의 9급 공무원이 생각나네요. 오늘날 한국에서 경쟁률이 가장 높은 시험이 9급 공무원 시험이라죠? 당시 러시아에서 9급 문관이 어느 정도의 직급이었는지 모르지만, 러시아 소설에 흔히 나오는 귀족과는 비교할 수 없이 낮은 신분인 것은 확실합니다. 하지만 농민이나 농노보다는 높은 위치였다고 합니다. 괴상한 이름밖에 지어줄 수 없었던 부모 아래에서 태어난 '흙수저'로서는 괜찮은, 아니 엄청 노력한 인생이라는 생각이 듭니다.

휘황찬란한 귀족의 이름이 나오는 당시 러시아 소설들 사이에 이 단편 소설의 주인공인 아까끼예비치는 특별합니다. 흔히 『외투』를 두고 "작은 인간"이 태어난 소설이라 평가합니다. 요즘에야 근대 소설 인물로서 "작은 인간"의 탄생은 필연적이었다고 말하겠지만, 당시로서는 획기적인 일이었지요. 예나 지금이나 사람들은 상투적인 이야기를 좋아합니다. 지금도 재벌이 나오지 않는 드라마가 드물 듯이 예나 지금이나 이야기란 현실도피적인 부분이 있습니다. 그러니 당시 자신과 비슷한 처지에 있는 "작은 인간"의 이야기가 인기 있을 리 없었겠죠.

하지만 근대란 '개인의 발견'과 떼려야 뗄 수 없죠. 근대 소설의 주인공을 차지한 것은 더 이상 왕족이나 귀족 같은 고귀한 운명을 가진 자들이 아니었습니다. 근대에 발견된 개인이 모두 '고귀한 운명'으로 '세계의 운명을 좌우하는' 그런 대단한 존재였다면 얼마나 좋았을까요? 하지만 인류 역사 대부분을 책임졌던 대다수의 인간들은 사실 "작은 인간"들이었습니다. 다만, 대부분이 눈에 띄는 왕족과 귀족 몇몇에 눈이 멀어 있었을 뿐이죠. 근대란 이 "작은 인간"들이 문득, 갑자기 자신을 발견했기 때문에 시작된 시대이기도 합니다. 왕족이나 귀족만이 하늘의 축복을 받고 태어난 것이 아니라는 자각, 즉 모든 인간이 평등하다는 생각을 공유하게 된 시대죠. 모든 인간은 평등하고 각각의 개성을 갖고 있다는 것을 깨닫게 된 것입니다.

그런데 그들이 눈뜨자마자 발견한 것은 거대한 사회와 규율들, 그리고 그 속에 끼어 옴짝달싹 못하는 '개인'이었습니다. 그렇기에 근대 소설의 명작 대부분은 '작은 인간', '부조리', '타락한 사회', '비극 혹은 블랙 코미디', '기괴함' 등의 몇 가지 공통 소인수를 갖게 되었습니다. 그 중에서 인상적인 것은 『필경사 바틀비』입니다. 허먼 멜빌*이 1853년에 발표한 중단편 소설 『필경사 바틀비』는 바틀비가 "하고 싶지 않다"는 말로 소극적으로, 아니 적극적으로 자본주의 사회에 저항하는 이야기입니다. 물론 저항한다고 해서 무슨 커다란 사건이 벌어지는 것은 아닙니다. 사건이 벌어지는

● 허먼 멜빌(Herman Melville, 1819~1891)은 미국 소설가 겸 시인이다.

것은 오히려 『외투』 쪽이지요.

아까끼예비치와 바틀비는 참 비슷합니다. 바틀비는 글씨 쓰는 필경사고, 아까끼예비치는 서류를 깨끗하게 꾸미는 9급 문관입니다. 둘 다 혼자 하는 일이라 남들 눈에는 지루해 보일 수 있지만, 그들은 그 일 안에서 묘한 완결성을 느끼며 내적 충족감을 갖고 살아갑니다.

자기 안에서의 충족감, 자기 완결성……. 흔히 자기 인생에 충실하기 위해, 또 성공적인 커리어를 쌓기 위해 가져야 할 미덕이라고 불리는 이 두 가지를 소시민 중의 소시민인 바틀비와 아까끼예비치가 지니고 사는 것입니다. 그러나 이들의 충족감은 허약하기 그지없습니다. 누군가 건드리면 쉽게 무너질 수 있다는 점에서 마치 달팽이 껍질 안에서 웅크리고 있는 자의 충족이라 할 수 있습니다.

"날 좀 내버려 둬요. 왜 이렇게 나를 못살게 구는 거요."

자신을 보호하는 껍질이 더 이상 버틸 수 없을 것 같을 때, 아까끼예비치는 이렇게 말합니다. 50년 가까이 자기만족적 삶을 살아온 사람으로서, 최소한의 촉수가 외부에 닿아 있다는 점은 다행일 수도, 불행일 수도 있습니다. 다시 말해 그 촉수가 있어서 다행인 것은 같은 직장, 같은 집, 같은 식사, 같은 저녁시간, 같은 취침 시간을 영위할 수 있다는 점이고, 불행인 것은 외부의 지나친 침해에 반응했다는 점입니다.

아까끼예비치는 그 촉수로 인해 인생의 큰 사건을 만나게 됩니다. 촉수를 움직이지 않을 수 없는 상황이 외투로 인해 발생하는 것이죠. 그의 외투는 낡을 대로 낡아서 더 이상 기울 수도 없을 지경이 되었습니다. 날씨는 점점 추워졌고, 외투의 해진 어깨와 등 부분 때문에 온몸이 얼어 버릴 것만 같았지요. 러시아의 살인적인 추위에서 아까끼예비치가 그 촉수를 움직여 해결 방안을 생각해 내지 못한다면 "작은 인간"의 존재는 흔적도 없이 사라질 터입니다.

그가 헌 외투를 더 입기 위해 얼마나 머리를 썼는지, 결국 외투를 새로 장만해야 한다는 것을 알았을 때 얼마나 절망했는지, 또 외투 장만을 위해 어떤 내핍 생활을 감수했는지까지 읽다 보면 저절로 헛웃음이 나오다가 나중에는 짠한 마음이 듭니다. 그가 털외투를 새로 장만하기 위해 궁핍한 생활을 하는 장면에서는 독자도 마음이 강퍅해지고 맙니다. 그 비싼 짐승 털을 마차 바닥에 아무렇게나 깔아 놓은 귀족들에게 적대감이 들 정도죠. 러시아가 세계 최초로 무산 계급 혁명에 성공할 수 있었던 이유 중 하나는 혹독한 겨울과 비싼 외투 값 때문이 아니었을까 싶습니다. 흔히 손에 땀을 쥐게 만드는 것을 서스펜스라고 하죠. 외투를 사는 이야기에서 서스펜스를 느끼기란 불가능해 보이는데, 이 소설에서는 가능합니다. 아까끼예비치가 외투를 온전히 손에 쥘 수 있을 것인지,

독자들은 불안함을 진정시켜 가며 읽어 내려갑니다.

처음에는 아까끼예비치가 강렬하게 외투를 원하는 것이 당연해 보입니다. 사는 것이 불가능하게 느껴질수록 갖고 싶은 욕망이 커지는 것도 이해할 수 있습니다. 하지만 욕망이 극대화되어 맹목적으로, 거의 경건하게 외투를 기대하는 모습에서는 물신 숭배의 과정을 보는 것만 같습니다. 아마『벌거숭이 임금님』의 임금이 있지도 않은 외투를 받아들이는 심리도 이와 비슷했겠죠. 욕망은 그 자체로 진화하는 모양입니다. 욕망을 위한 욕망으로 부풀어지면서 말이죠.

다행히 작가는 아까끼예비치의 소소한 사치를 단죄할 정도로 마음씀씀이가 좁지 않았습니다. 이야기 속 "작은 인간"은 권력의 정점인 임금처럼 비웃음을 받지도 않습니다. 그는 무사히 멋진 외투를 갖게 되는데, 마침 그날은 날씨까지 매우 추웠습니다. 그는 더할 수 없는 만족감을 느꼈고, 더구나 상류 사회의 초대까지 받습니다.

평소 같았으면 받아들였을 리 없는 초대. 물론 존재감 없는 그에게 초대장을 주는 사람도 없었을 것입니다. 사람들은 외투 하나에 세상을 다 얻은 듯한 아까끼예비치를 놀리는 마음으로 초대하고, 그는 새로 장만한 외투를 자랑하기 위해 파티 장소에 가기로 합니다. 한 벌의 외투는 만족감을 주는 것 이상으로 그를 존재감 있게 만든 것입니다. 더 많은 것을 손에 잡을 수 있을 듯한 욕망.

상류 사회로 가는 아까끼예비치는 그 환상을 실컷 즐깁니다.

이제 남은 것은 환상을 향한 욕망과 파멸일까요? 하지만 아까끼예비치의 욕망이 구체화되기 전에 그는 강도에게 외투를 빼앗깁니다. 그리고 외투를 찾으려 고군분투하다가 그만 열병에 걸려 세상을 떠나고 맙니다. 단 한 사람이라도 외투를 찾고 싶었던 아까끼예비치를 이해해 주었다면 죽음에 이르지는 않았을 것입니다. 하지만 권위를 내세우는 장관을 만나는 바람에 병세가 악화되고 만 것입니다.

사실 그 장관에게도 사정이 있었습니다. 이름 모를 고위층 인사인 그는 최근 출신에 걸맞지 않은 승진을 하게 됩니다. 그것이 그를 변하게 만듭니다.

"엄격, 엄격, 또 엄격!"

원래 그는 유머가 있는, 겸손한 사람이었습니다. 그러나 지금은 "엄격"을 입에 달고 다니죠. 이로 인해 아랫사람은 그를 보면 벌벌 떨지만, 정작 가장 두려움에 떠는 사람은 바로 자신입니다. 벼락출세한 그는 자신의 지위에 걸맞은 행동이 무엇인지 알 수 없어 늘 불안했던 것입니다. 그래서 그는 품격과 근엄함을 엄격함으로 포장하려 했습니다. 특히 아랫사람이 자신의 한마디에 얼빠지는 모습에서 만족감을 느낍니다.

"어떻게 감히 이럴 수가 있나? 누구와 이야기하고 있는지 알고
나 있나? 누구 앞인지 아느냔 말이야?"

이제 아까끼예비치가 죽었으니, 소설은 끝이 날까요? 하지만
아까끼예비치 인생에서 가장 스펙터클하고 화제성 넘치며 두려
움을 남겨 주는 이야기는 이제부터입니다. 아까끼예비치는 유령
이 되어 지나가는 이의 외투를 빼앗습니다. 유령 아까끼예비치에
게 외투를 빼앗긴 사람 중에는 아까끼예비치를 죽음으로 내몬 장
관도 있었죠. 이 사건을 겪은 장관은 더 이상 아랫사람에게 불필
요한 호통을 치지 않습니다. 아까끼예비치 유령도 장관의 외투를
빼앗는 것을 마지막으로 더 이상 나타나지 않습니다.

이야기는 어찌 보면 희망적으로 보이기도 합니다. 일련의 사건
으로 고위층 인사는 어떤 균형감을 찾은 듯 보이기 때문입니다.
하지만 그는 여전히 고위층 인사고, 사회에서 그 지위를 유지하는
한 입어야 할 외투가 많을 것입니다. 아까끼예비치가 빼앗아간 한
벌의 외투 덕에 거대한 사회가 투영하는 이미지로부터 본 모습을
조금이나마 되찾은 그지만, 얼마나 자기 충족하는 삶을 살아갈 수
있는지 알 수 없습니다. 모든 소시민에게조차 왕의 부담을 지라고
세뇌하는 사회에서 탈출하지 못한 "작은 인간"의 공통적인 숙명
이죠.

8.
젖 먹던 힘은 필요 없어

엘리너 파전의 「보리와 임금님」 ─
막스 베버의 「프로테스탄티즘의 윤리와 자본주의 정신」

"임금님. 그것은 지나치게 많아요."
"그걸 말이라고 하느냐? 많을수록 좋은 거야. 그러니까 나는 네 아버지보다 훨씬
더 부자란 말이야!"
"저희 아버지는 임금님보다 금이 더 많은 걸요. 보리알 하나하나가 모두 금보다 더
빛나거든요." ─ 동화 「보리와 임금님」

종교적·윤리적 의미를 박탈당한 영리 추구는 드물지 않게 경쟁적 열정과 결합되는 경향이 있다. 미래에 이 겉껍질 안에서 살 자가 누구인지, 이 엄청난 발전의 마지막에 전혀 새로운 예언자나 혹은 옛 정신과 이상의 강력한 부활이 있을지, 아니면 ─ 이 둘 다 아니고─ 일종의 발작적인 오만으로 장식된 기계화된 화석화가 있을지는 누구도 모른다. ─ 인문학 『프로테스탄티즘의 윤리와 자본주의 정신』

엘리너 파전의 『보리와 임금님』

　　　　　　　　　『보리와 임금님』은 실제 같
기도, 몽상 같기도 합니다. 이야기를 해 주는 아이는 월리, 월리가
이집트에 살 때 아버지의 보리밭에서 임금님을 만난 이야기입니
다. 보리 수확기의 어느 날, 행복하게 보리 이삭을 씹고 있는 월리
앞에 이집트 임금이 나타나 시비를 겁니다. 왜 그렇게 행복해 하
느냐고 말이죠. 월리는 석양에 빛나는 보리밭을 가리키죠. 자신이
더 위대하다고 주장하는 임금의 말에 월리는 계속 고개를 젓습니
다. 월리는 왜 그랬을까요?

　월리는 바보입니다. 네, 동네 바보 맞습니다. 마을 사람들은 월
리를 '착한 월리'라고 부릅니다. 월리의 아버지가 너무 싫어하는
별명이죠. 하지만 저는 이 별명을 통해 월리가 사는 동네가 괜찮

은 곳이라 느꼈습니다. 동네 바보를 어떻게 대하느냐가 그 마을의 품격을 말해 준다고 생각하니까요. 비아냥거림이 섞여 있을지라도 '바보짓' 하는 동네 아이를 '착한 윌리'라 부르는 사람들이 사는 곳이라면, 인심도 치안도 괜찮은 동네가 아닐까 싶습니다.

윌리는 원래 바보였을까요? 그 반대였습니다. 교장 선생님의 아들로 태어난 그는 신동이라 불릴 만큼 머리가 뛰어났습니다. 덕분에 교장 선생님은 한동안 윌리에 대한 교육열에 불타올랐습니다.

> "윌리는 우리 집안의 자랑이니 열심히 공부시켜 훌륭한 사람이 되도록 해야겠다."

짐작되시나요? 바로 이 결심이 비극의 시작이었습니다. 아버지는 손수 밤낮 없이 아들을 가르쳤습니다. 그러니 윌리가 운동이나 놀이를 할 시간은 없었습니다. 윌리는 공부가 지나치다고 말했지만, 아버지의 고집을 꺾을 수 없었죠.

> "너와 같이 머리 좋은 아이는 좀처럼 없단다. 열심히 공부해서 훌륭한 사람이 되어야지."

여러분도 학창 시절에 이런 비슷한 이야기를 들은 적이 있을 것입니다. 어쩌면 지금도 이런 이야기를 듣거나 말하는 분도 있을지 모르겠네요. 그런데 어른이 된 지금,『보리와 임금님』을 다시 읽으면서 이런 궁금증이 듭니다.

'도대체 훌륭한 사람이란 어떤 사람일까?'

훌륭한 사람이 어떤 사람인지, 정말 열심히만 공부하면 훌륭한 사람이 되는지 어느 누가 단언할 수 있을까요? 어떤 것의 실체를 파악할 수 없을 때는 아닌 것을 지워 가는 것도 좋은 방법입니다. 우선, 공부를 잘 하면 훌륭한 사람이 될까요? 물론 여기서 공부란, 입학시험과 취업을 위한 준비를 말합니다. 입시 위주 공부를 열심히 해야 한다고 믿는 분이라도 그런 공부를 잘 하는 사람이 반드시 훌륭한 사람이라고는 생각하지 않을 것입니다. 예전부터 나라를 망친 사람들 중에 입신출세를 위한 공부를 잘 하지 못한 사람은 거의 없었으니까요. 그런데도 우리는 학생들에게 월리의 아버지가 했던 말을 그대로 하곤 하죠.

하지만 월리 아버지를 비난만 할 수도 없습니다. 남보다 똑똑한 아들, 남보다 잘생긴 아들을 둔 아버지의 가슴에 지펴진 희망의 불을 어찌 비난만 할 수 있겠습니까? 하지만 자신의 것이 아니라면 설사 그것이 아들의 능력이라 할지라도 냉정하게 다루어야 합니다. 그렇지 않으면 반드시 사고가 터지죠.

우리나라에도 이런 부자 관계가 있었습니다. 바로 조선 제21대 왕인 영조와 그의 아들 사도 세자입니다. 아버지의 명령으로 뒤주에 갇혀 굶어 죽은 세자. 역사상 유래를 찾을 수 없을 정도로 사이가 나쁜 아버지와 아들처럼 보이지만, 처음에는 그렇지 않았습니다. 사도 세자는 태어나자마자 영조의 사랑을 한 몸에 받았습니다. 영조 나이 마흔 둘, 조선의 평균 연령으로 볼 때 아주 늦게 얻은 아들이었으니까요. 큰아들 효장 세자를 잃고 얻은 귀하디귀한 아들에게 영조는 자신의 모든 희망을 걸었습니다. 그리고 그 사랑은 조기 교육으로 표현되었습니다.

그렇잖아도 조선의 세자들은 지독한 조기 영재 교육을 받아야 했습니다. 보통 예닐곱 살 정도에 시작된 교육은 그 양과 질에서 조선 최고 수준이었습니다. 아침·점심·저녁 공부에 야간 자율학습과 월말 평가는 물론이고, 수업 시작 전에는 여러 명의 스승들 앞에서 전날 배운 것을 암송해야 했습니다. 때로는 왕이 그 자리에 직접 참석하기도 했습니다. 스무 명이 넘는 학자들이 어린 세자 한 명을 가르치기 위해 24시간 준비 상태였는데, 그들 모두 내로라하는 공부 전문가들이었습니다. 그런 이들이 매서운 눈으로 감시하며 공부를 시켰으니, 조선의 세자도 웬만해선 버티기 힘든 자리였을 것입니다. 그런데 이 힘든 공부를 사도 세자는 네 살에 시작했습니다. 아버지의 넘치는 사랑 덕분에 생후 48개월 밖에 되지 않은 아이는 쉴 시간도 없이 공부를 해야만 했습니다.

어린 사도 세자는 꽤 똑똑한 아이여서 시키는 대로 공부를 곧잘 했다고 합니다. 그렇잖아도 귀여운 아들이 조선 최고 지식인들에게 뛰어나다는 평까지 들으니, 영조의 기대치는 하늘 높은 줄 모르고 치솟았습니다. 공부는 점점 더 어려워지고, 수업 시간도 늘어났습니다. 한창 뛰어놀아야 할 나이의 건강한 사내아이가 재미있어 할 리가 없겠죠. 그러나 영조는 놀고 싶어 하는 세자의 마음을 이해하기는커녕 조금이라도 꾀를 부릴라치면 버럭 화를 냈습니다. 사도 세자의 아내인 혜경궁 홍 씨가 쓴 『한중록』에 따르면 사도 세자는 영조에 대한 공황장애를 겪었던 것 같습니다. 왜 아니겠습니까? 자신만 보면 화를 내는 사람이 아버지라는 것도 부담인데, 그 아버지란 온 천지의 주인이며 모든 이의 생사여탈권을 가진 임금이기까지 하니 말이죠. 너무 귀한 아들을 가진 아버지, 그 아버지의 소선 없는 사랑이 간절한 아들의 비극은 이렇게 시작되었습니다.

다행히 윌리의 아버지는 임금이 아니었습니다. 교장 선생이라는 자리는 물려줄 수 있는 것도 아니었고요. 하지만 윌리도 공부를 피할 수 없었습니다. 그래서 윌리는 엉뚱한 장난을 치거나 공상에 빠지는 것으로 감옥 같은 상황을 벗어나고자 했습니다. 윌리는 멍하니 있는 시간이 많아졌습니다. 아무 곳에서나 고장이 난 축음기처럼 쉴 새 없이 재미있는 이야기를 하다가 입을 꾹 다물어 버렸습니다. 윌리가 언제 이야기를 시작하는지 아는 사람은 없었습니다. 이제 윌리는 온 마을이 아는 바보가 되어 자유롭게 살아갑니다. 결국 교장 선생도 윌리에 대한 기대를 놓을 수밖에 없었죠. 어느 날, 이 이야기의 화자(話者)가 보리를 베는 광경을 구경하고 있을 때, 갑자기 윌리가 다가와 이야기를 합니다.

"내가 어렸을 적에, 그러니까 우리 가족이 이집트에 살았을 때의 이야기야."

이집트에서 보리농사를 했다는 윌리네. 윌리는 탐스럽게 영근 보리밭에 한가로이 누워 보리 이삭을 씹고 있었습니다. 그런데 갑자기 누군가 비웃는 소리가 들렸습니다.

"넌 마치 맛있는 음식이라도 되는 양 보리 이삭을 씹고 있구나."

번쩍이는 황금관을 쓴 이집트 왕이 물었습니다. 그러나 윌리는 기죽지 않고 말합니다. 자신의 아버지가 이집트의 으뜸가는 부자라고 자랑까지 하면서 말입니다. 자존심이 상한 왕은 그 까닭을 물어 봅니다. 윌리는 자신의 아버지가 보리밭의 주인이기 때문이라고 답합니다. 그러자 이집트 왕은 이번에도 비웃으며 자신은 이집트 전체의 왕이라고 말합니다. 그러자 윌리가 답하죠.

"임금님, 그것은 너무 지나치게 많아요."
"그걸 말이라고 하느냐? 많을수록 좋은 거야. 그러니까 나는 네 아버지보다 훨씬 더 부자란 말이야!"

왕은 고래고래 소리 지르지만 윌리를 설득할 수 없었습니다. 왕은 윌리에게 "너희 아버지는 무슨 옷을 입었느냐"고 묻습니다. 윌리가 자신과 같은 무명옷을 입었다고 하니, 왕은 윌리 앞에서 황금 망토를 흔들어 댑니다. 참 유치하죠?

"저희 아버지는 임금님보다 금이 더 많은 걸요. 보리알 하나하나가 모두 금보다 더 빛나거든요."

윌리의 말에 왕은 자기 분에 못 이겨 보리밭을 불태워 버리겠다고 위협합니다. 그렇게 되면 윌리 아버지에게는 아무 것도 남지 않을 것이라면서요. 이에 윌리는 지지 않고 대꾸합니다.

"보리가 남지요. 다음 해에 새로 나오는 보리가……."
"임금님의 존재는 보리보다 훨씬 더 금빛으로 빛나는 거야. 그뿐만 아니지. 임금님의 목숨은 보리 따위하고는 비교도 안 될 만큼 길단 말이야! 이젠 알겠어?"

윌리는 고개를 저었습니다. 이해할 수 없었으니까요. 왕은 분통이 터져 보리밭에 불을 질러 버렸습니다. 재만 남은 보리밭을 본 윌리는 그만 울음을 터트렸고, 왕은 만족스러워 하며 왕궁으로 돌아갔습니다. 윌리는 펑펑 울다가 아직 주먹에 남아 있던 몇 알의 보리 이삭을 발견하고는 다른 채소밭에 정성껏 심었습니다.

이듬해에 채소밭에는 10포기의 보리가 싱싱하게 자라나 영글었습니다. 그때 한 관리가 잠시 쉬려고 윌리의 집에 들렀습니다. 관리는 죽은 왕의 무덤에 넣어 줄 보리를 걷어 가는 중이라고 말합니다. 이집트에서는 사람이 죽으면 영원한 여행을 한다고 믿었기에, 여행하면서 먹을 양식으로 무덤에 보리도 넣었다고 합니다. 그 말을 들은 윌리는 얼른 채소밭으로 가서 보리 이삭 몇 알을 가져와 관리의 보따리에 넣어 줍니다. 보리 따위와는 비교도 할 수 없을 만큼 긴 목숨을 가졌다고 큰소리 친 왕과 함께 저승 여행을 하도록 말이죠.

윌리는 분명 이집트 왕에게 다시 싸움을 건 것입니다. 누구의 부와 영광이 더 영원한지 다시 한 번 생각해 보라면서요. 아마 보리는 다음 해가 되면 무덤 속에서 어김없이 또 싹을 틔울 것입니다. 하지만 이집트 전체가 자신의 것이라고 큰소리치던 왕은 다시는 돌아올 수 없을 것입니다. 이야기를 마친 윌리는 화자에게 묻습니다.

"임금님과 보리 중에 어느 것이 더 황금빛이지?"

어른들은 생각보다 통이 작죠. 윌리의 아버지가 '훌륭한' 사람이 되라며 공부로 다그쳤을 때, 아마도 그 '훌륭한' 직업군에 임금은 없었을 것입니다. 그 정도의 통밖에 안 되니, 감히 임금과 보리를 비교할 생각조차 할 수 없겠죠. 어느 쪽이 더 황금빛이고 행복한지, 어느 쪽이 더 훌륭한지 말이죠.

우리는 어릴 때부터 훌륭한 사람이 되라는 말을 듣고 자랍니다. 훌륭한 사람이 어떤 사람인지 구체적으로 말해 준 사람은 없는데, 우리가 해야 할 노력은 너무 구체적입니다. 끝없는 공부, 끝없는 경쟁, 끝없는 노력. 이 끝없는 자기 극복을 통해 우리가 얻는 '훌륭함'이란 무엇일까요? 대부분 남부럽지 않게 잘 먹고 잘사는 것이 최종 목표처럼 보입니다. 물론 요즘처럼 정규직 하나 구하기도 어려운 세상에 좋은 성과일 수는 있겠지요. 하지만 그것이 '훌륭한' 삶인가 하는 의문은 지울 수 없습니다.

'속았다!'

뒤늦게 비명을 지르는 사람도 있겠지만, 오래 고민할 시간도 없습니다. 남보다 뒤처지는 것에 대한 두려움은 우리가 태어나 살아가는 내내 세뇌당한 감정이니까요. 길의 끝이 마음에 들지 않아 뒤돌아보아도 다른 길로 가는 법을 몰라 막막해 하는 자신만 보일 뿐입니다. 시간을 들여 다른 길을 찾아낼 용기 있는 사람도 많지 않습니다. 근근이 먹고사는 삶을 지속해야 하니까요. 그렇게 우리는 어른들의 말을 이해해 갑니다. 소시민으로 살아가는 것도 힘에 부치다는 것을 깨닫는 순간 우리는 어른이 되는 것인지도 모릅니다. 그렇지만 겨우 생존하는 삶을 위해 이렇게까지 노력하는 것은 무언가 문제 있어 보입니다. 그래서 어른이 되어 읽은 『보리와 임금님』은 생존을 위한 노력 대신 훌륭함에 대한 몽상에 빠진 윌리와, 그 윌리를 보듬는 그의 마을이 먼저 눈에 들어옵니다.

'착한 윌리', 아버지는 그 별명을 싫어했지만, 그건 아버지가 자신의 마을을 당연하게 여겨서일 것 같습니다. 윌리를 따뜻한 시선으로 봐주는 사회가 이 세상에 얼마나 적은지 몰라서 말이죠.

윌리처럼 바보라고 불린 적은 없지만, 솔직히 제가 윌리보다 똑똑하다고 말할 자신이 없습니다. 윌리보다 열심히 산 것 같은데, 윌리보다 더 나은 식사를 하거나, 더 좋은 옷을 입고 있는 것 같지도 않습니다. 그리고 윌리보다 삶을 만족해 하는 것 같지도 않고요.

어릴 적에는 이집트의 왕이 윌리에게 그렇게까지 화내는 것을 이해할 수 없었습니다. 그런데 어른이 되니, 조금 안쓰럽기도 합니다. 어쩌면 왕도 우리처럼 젖 먹던 힘까지 다하며 살았는지 모릅니다. 그렇게 최선을 다했는데, 웬 바보 같은 녀석이 더할 수 없이 만족스러운 표정을 지으니 샘이 났을지 모릅니다.

여기서 청빈한 삶을 꿈꾸며 안빈낙도의 즐거움을 알자고 말할 필요는 없습니다. 평범한 우리가 원하는 것이 평범한 삶이라는 것을 우리는 알고 있죠. 자신의 생활을 유지할 직업을 갖고, 원하면 결혼하고, 아이에게 일반적인 교육을 시키는 것. 이 정도라면 윌리처럼 세상에서 가장 행복한 미소를 지을 수 있을 것입니다. 하지만 이 사회는 윌리의 동네와 달리, 너무 큰 노력을 요구하고 있습니다. 노엽고, 다른 사람의 행복이 시샘 날 정도로 몸과 마음을 지치게 만드는 사회. 차라리 조금 덜 노력하면 어떨까요? 그리고 남은 힘으로 나보다 약한 사람에게 따스한 시선을 보내줄 마을을 만들면 안 될까요? 가끔 몽상도 하고, 기진맥진할 때까지 노력하지 않아도 생존이 가능한 사회는 불가능할까요?

흔히 젖 먹던 힘까지 다한다고 하는데, 그 힘이 무엇인지 아는 사람은 많지 않아 보입니다. 젖 먹던 힘이란 갓 태어난 아기가 생존을 위해 본능적으로 갖고 있었던, 우리를 존재하게 한 근력입니다. 우리를 지탱하는 그 힘을 함부로 쓸 수는 없죠.

우리 사회가 윌리의 동네처럼 바보에게도 너그러운 사회라면, 작은 것으로도 미소 지으며 살 수 있지 않을까 생각해 봅니다. 별로 어려운 일 같지 않습니다. 우리가 '젖 먹던 힘까지 다해 노력하기'의 이데올로기에 속지만 않는다면 말이죠.

막스 베버의 『프로테스탄티즘의 윤리와 자본주의 정신』

　제가 수험생일 때는 '4당 5락'이라는 말이 있었습니다. 4시간을 자면 시험에 붙고, 5시간을 자면 떨어진다는 뜻입니다. 살벌하죠? 잠잘 시간을 쪼개며 열심히 공부하라는 뜻 외에도 너보다 덜 자는 누군가를 의식하라는 뜻도 있었으니까요. 그런데 이런 식의 메시지는 어른이 되어서도 사라질 줄 몰랐습니다. 정말 윌리처럼 바보가 되는 것이 편하지 않을까 싶을 정도로 숨 가빴죠.

　도대체 언제부터 시작된 것일까요, 모두를 숨 가쁘게 만드는 이런 이데올로기는. 평소 궁금해 하던 차에 막스 베버*의 『프로테스탄티즘의 윤리와 자본주의 정신』을 읽게 되었습니다. 책 제목부터 부담감이 느껴지죠? 이 책을 처음 만났을 때는 1864년에 유럽에서 태어난 백인 남자가 비서구 문명에 대한 편견을 너무도 당당하게 펼치고 있어 그대로 책장을 덮어 버렸습니다. 하지만 '자본주의 정신'이라는 단어가 조금씩 호기심을 불러일으켰습니다. 야바

●　막스 베버(Max Weber, 1864~1920)는 독일의 사회학자이자 경제학자로, 사회 과학의 방법론을 전개하였다.

위 노름 같은 이 자본주의에 도대체 어떤 정신이 있는지 확인하고 싶었거든요. 게다가 프로테스탄트란 우리 식으로 하면 개신교 아닙니까? 가장 먼 사이일 것 같은 종교와 자본. 프로텐스탄트를 앞세운 종교적인 나라들이 어떻게 적극적으로 자본주의를 받아들일 수 있었는지 궁금하기도 했습니다.

> 실질적으로 도덕적 비난의 대상이었던 것은 재산을 갖고 휴식하는 것, 부를 향락하여 태만과 정욕을 낳고 특히 '거룩한' 삶에 대한 추구에서 이탈시키는 것이었다. 그리고 재산이 죄악시된 것은 오직 그것이 이러한 안주의 위험을 수반하기 때문이었다. (⋯) 현세에서 인간은 자신의 구원을 확신하기 위해 '낮 동안은 자신을 보내신 이의 일을 행해야' 한다. 태만과 향락이 아니라 오직 행위만이 분명하게 계시된 신의 뜻에 따라 신의 영광을 더하는 데 봉사한다. (⋯) 사교, '무익한 잡담', 사치 등을 통한 시간 낭비, 그리고 건강에 필요한 만큼—여섯 시간에서 최고 여덟 시간—을 상회하는 수면 시간에 의한 낭비는 도덕적으로 절대적인 비난을 받는다.

자본주의를 이끈 근대 시민 계급의 종교는 대부분 프로테스탄트였습니다. 중세까지 위력을 떨친 가톨릭에 대한 반발로 일어난 종교개혁을 받아들인 계층이었죠. 개혁된 종교를 받아들였지만,

깊은 신앙심이 사라지거나 구원에 대한 열망이 약해진 것은 아니었습니다. 베버가 프로테스탄트에게서 자본주의 정신을 찾으려 했던 이유가 바로 그 지점이었죠. 프로테스탄트는 신의 뜻대로 살아가려면 욕망을 억제해야 한다고 믿었습니다. 게으름, 사치, 향락은 욕망에 따른 삶이므로 죄악시 여겼죠. 이를 누리기 위하여 부를 추구하는 것도 금기시되었습니다. 대신 신의 뜻에 따라 근면하고 성실한 삶을 통해 얻은 부는 긍정적이라 여겨졌지요. 그런 의미에서 부의 추구는 삶의 소명이 될 수 있다는 인식에 다다랐습니다. 어찌 보면 이상적인 생각이라 할 수 있지요.

이 책을 읽으면 베버가 자본주의의 어느 지점까지 생각했는지 궁금해집니다. 프로테스탄트의 윤리인 금욕적 합리주의, 인문주의적 합리주의로부터 도출된 자본주의 정신. 그는 과연 종교적 수사가 사라진 시대까지 상상했을까요? 그런데 베버는 이미 미국에서 그러한 현상을 본 것 같습니다.

> 종교적·윤리적 의미를 박탈당한 영리 추구는 드물지 않게 경쟁적 열정과 결합되는 경향이 있다. 미래에 이 겉껍질 안에서 살 자가 누구인지, 이 엄청난 발전의 마지막에 전혀 새로운 예언자나 혹은 옛 정신과 이상의 강력한 부활이 있을지, 아니면—이 둘 다 아니고—일종의 발작적인 오만으로 장식된 기계화된 화석화가 있을지는 누구도 모른다. 만일 후자의 경우라

면 물론 이 문화 발전의 '최후의 인간'에 대해서는 다음과 같은 언급이 옳은 말이 될 것이다. 즉 '정신없는 전문가, 가슴 없는 향락자: 이 공허한 인간들은 인류가 전례 없는 단계에 도달했다고 생각할 것이다.'

금욕과 인문주의를 뺀 합리주의로부터 출발한 정신이 종교가 아닌 자본만을 향해 달려갈 때, 어디에서 '정신'을 찾아야 할지 힌트라도 주지 않았을까 하는 마음으로 책을 읽었지만, 원하는 답은 없었습니다. 하지만 책장을 덮을 무렵, 책 제목에 힌트가 있지 않았는지 생각해 보았습니다. 막강한 가톨릭에 대항한 사람들의 힘이 종교개혁을 이뤘듯이, 막강해 보이는 자본주의지만 이를 개혁하려는 사람들의 힘 속에 새로운 시대의 정신이 준비되어 있는 것은 아닐까 하고요.

9. 소녀야, 이제 춤을 추자

한스 안데르센의 「빨간 구두」 ― 에리히 프롬의 「자유로부터의 도피」

"너는 언제까지나 춤을 추어야 한다. 너는 빨간 구두를 신고 춤만 추면 되지? 방방 곡곡을 돌아다니며, 죽어서 해골이 될 때까지 춤을 추어라! 그리고 거만하고, 사치를 좋아하고, 말을 안 듣는 아이들을 찾아가거라. 그 아이들이 네 모습을 보고 다시는 그런 짓을 하지 않도록 말이다. 자, 계속 추어라!" ― 동화 「빨간 구두」

개인적인 자아를 버리고 자동인형이 되어 주위 수백만의 다른 자동인형과 동일해진 인간은 이미 고독이나 불안감을 느낄 필요가 없다. 그러나 그 대신 그가 지불한 대가는 혹독하게 비싼 것으로, 그것은 바로 자아의 상실이다.

– 인문학 『자유로부터의 도피』

한스 안데르센의 『빨간 구두』

안데르센이 1837년에 발표
한 『빨간 구두』는 허영심을 경계하는 기독교적인 작품입니다. 겨
울에도 맨발인 가난한 소녀 카렌이 어머니를 잃으면서 이야기는
시작되죠. 카렌은 자신을 불쌍히 여긴 노부인의 손에서 자라지만,
노부인의 가르침보다 빨간 구두의 유혹에 쉽게 빠집니다. 결국 카
렌은 어떻게 되었을까요?

카렌은 빨간색과 인연이 깊습니다. 작가의 의도같지는 않으나,
책에는 카렌의 맨발이 '빨갛게' 텄다고 쓰여 있죠. 마음 착한 구둣
방 할머니는 가련한 카렌을 위해 '빨간' 가죽 구두를 만들어 줍니
다. 그리하여 가난한 카렌이 처음으로 구두란 것을 신게 되죠. 카
렌은 가슴이 두근거릴 만큼 기뻤다고 합니다. 신발이 당연한 것은

물론 명품 구두를 선호하는 시대에 사는 우리들은 결코 그 기쁨의 크기를 알 수 없을 것입니다.

하지만 기구하게도 카렌은 그 좋은 구두를 엄마의 장례식에서 처음 신게 됩니다. 장례식은 의식이 복잡하죠. 어른 중 누군가가 카렌에게 옷은 단정하게 입고 꼭 신발을 신어야 한다고 했을지 모릅니다. 하지만 카렌에게 신발은 빨간 구두밖에 없었죠. 그녀는 빨간 구두를 신고 어머니의 장례 행렬을 따릅니다. 그리고 카렌의 운명은 그날 바뀝니다. 초라한 장례 행렬 뒤의 카렌을 한 노부인이 카렌을 키우겠다고 나섰기 때문입니다.

노부인의 눈에 빨간 구두를 신고 친 어머니의 장례식을 쫓아가는 천둥벌거숭이 아이가 불쌍해 보였을 것입니다. 노부인의 동정심 덕에 카렌의 처지는 나아졌고, 빨간 구두는 불쏘시개가 되었습니다.

좋은 옷을 입고 좋은 구두를 신게 된 카렌은 이제 모두에게 귀염을 받게 되었고, 행복하게 자랐습니다. 노부인을 따라 교회에 다니며 카렌은 좋은 교육까지 받게 되죠. 그리고 어느 덧 세례를 받을 나이가 됩니다. 기독교에서 세례란 그리스도 안에서 다시 태어남을 의미하는데, 교회에서는 정식 구성원으로 인정받는 매우 중요한 의례입니다. 이 중요한 예식을 위해 노부인은 카렌의 옷과 구두를 새로 장만합니다.

그런데 이때부터 문제가 시작됩니다. 카렌이 구둣방에서 운명의 '빨간 구두'를 본 것이죠. 어느 백작의 딸을 위해 만들었지만 너무 작아서 팔리지 않았던 구두가 카렌의 발에 딱 맞습니다. 눈이 좋지 않은 노부인은 그것이 빨간색인 줄도 모르고 카렌에게 사줍니다. 카렌은 그 빨간 구두를 신고 세례식에 참석합니다.

구두를 신고 목사님 앞에 무릎 꿇은 카렌, 하지만 카렌의 마음에는 빨간 구두 생각뿐입니다. 자기에게 빨간 구두가 얼마나 잘 어울릴지, 구두를 본 많은 사람들이 자신을 얼마나 부러워할지 생각하니 목사님의 말씀도, 성가대의 노래도 들리지 않습니다. 결국 그녀는 빨간 구두에 마음을 빼앗겨 세례식을 제대로 치르지 못합니다. 세례는 받았을지언정 진정한 그리스도인으로 다시 태어나지는 못한 것이죠.

카렌에게는 한 번의 기회가 더 있었습니다. 카렌에 대한 좋지 않은 이야기를 듣게 된 노부인이 카렌에게 교회에 갈 때는 검은 구두를 신으라고 일러 줍니다. 하지만 거울 앞에 선 카렌은 자신에게는 빨간 구두가 더 잘 어울린다고 생각합니다. 그리고 자신이 원하는 대로 빨간 구두를 신고 교회에 갑니다. 카렌은 성찬식 내내 구두만 생각하느라 찬송가를 부르는 일도 잊어버립니다. 이렇게 또 한 번의 기회를 잃은 것이죠.

카렌이 예배를 마치고 마차에 오르려는 순간, 빨간 구두가 춤을 추기 시작합니다. 놀란 노부인이 간신히 구두를 벗겨 냈지만, 카렌은 아랑곳하지 않습니다. 노부인이 병석에 누운 틈을 타 빨간 구두를 다시 신은 거지요. 빨간 구두는 제멋대로 춤을 추며 카렌을 무도장으로 데려 갑니다. 카렌 또한 무도회장이 구두와 잘 어울리는 곳이라 생각하며 춤을 춥니다. 하지만 무도회가 끝난 후에도 구두는 춤을 멈추지 않습니다.

> "너는 언제까지나 춤을 추어야 한다. 너는 빨간 구두를 신고 춤만 추면 되지? 방방곡곡을 돌아다니며, 죽어서 해골이 될 때까지 춤을 추어라! 그리고 거만하고, 사치를 좋아하고, 말을 안 듣는 아이들을 찾아가거라. 그 아이들이 네 모습을 보고 다시는 그런 짓을 하지 않도록 말이다. 자, 계속 추어라!"

카렌은 구두에 이끌려 밤낮 할 것 없이 춤을 추다가 노부인이 돌아가셨다는 소식을 듣습니다. 그제야 잘못을 깨달은 카렌은 망나니를 찾아가 자신의 발목을 잘라 달라고 말합니다. 잘려진 발목에 신긴 구두는 계속 춤을 추며 어디론가 사라집니다. 카렌은 일주일 동안 회개의 눈물을 흘리다가 교회를 찾습니다. 그리고 죄를 용서받습니다.

안데르센의 동화 중에는 창작물도 있지만, 민담에서 발전시킨 것도 많습니다. 사실, 우리가 알고 있는 오래된 동화 대부분은 민담과 전설입니다. 주로 유럽 쪽에서 민담과 전설을 어린이의 읽을거리로 발전시키는 작업이 활발했는데요, 그 대표적인 작가가 그림 형제입니다. 그런데 그림 형제가 어린이에게 들려줄 요량으로 엮은 『그림 동화』는 문학으로서의 '동화'라기보다 어린아이를 훈육하기 위한 '교훈서'에 가까웠습니다.

『그림 동화』 속 이야기 중 상당수는 아이들이 읽어도 괜찮을까 싶을 정도로 잔혹합니다. 그 대부분이 『빨간 구두』와 비슷한 이야기 구조를 갖고 있죠. 어른 말을 듣지 않는 어린아이가 등장하고, 말을 듣지 않아 재앙이 생기며, 그 재앙을 없애기 위해 어린아이를 처벌합니다.

현대의 어린이들은 카렌의 발목이 잘리는 장면에서 충격을 받을 것입니다. 하지만 『그림 동화』에 나오는 잔혹한 동화를 보면 카렌의 처지가 특별한 것도 아닙니다. 『그림 동화』에서는 이발사가 날카로운 가위로 말썽꾸러기 아이의 손가락이나 코를 베어 버리는 경우도 다반사니까요.

대체 어른은 왜 이렇게 잔인한 이야기를 아이들에게 들려 주었을까요? 아마 어른들은 아이들에게 "그러니까 너는 착한 아이가 되어야 해"라는 말을 하고 싶었던 것인지 모르겠습니다. 그런데 여기서 궁금증이 생깁니다. 착한 아이란 어떤 아이일까요?

『빨간 구두』에서 카렌은 교회의 가르침을 듣지 않아 충격적인 형벌을 받습니다. 그런데 어린이가 따라야 할 교회의 가르침이란 무엇이었을까요? 선한 마음과 이웃을 향한 사랑과 같은 철학적인 가르침도 있었겠지만, 결국 어른의 말을 잘 듣는 것으로 귀결

될 것입니다. 그런데 어른이 아이에게 요구하는 '착함'은 매우 구체적입니다. 조용히 하라고 하면 조용히 하고, 단정하게 입으라고 하면 그리 하고, 자야할 시간에 자는 아이. 한마디로 어른 손을 덜 타는 아이입니다.

하지만 아이 입장에서도 그럴까요? 갓난아이는 수동적입니다. 자라나는 아이만이 자신의 생각과 그것을 관철하고자 하는 의지를 갖게 됩니다. 그런데 어른들의 위협으로 그 의지가 꺾이고 생각하는 것을 포기하면, 아이는 개성은커녕 자신에 대한 주체적 인식조차 성장시키지 못할 것입니다.

오늘날에는 아이를 하나의 인격체로 인정합니다. 아이의 말에 윽박지르는 일은 비교육적이라는 인식이 보편적이죠. 그래서 되레 식당 같은 공공 장소에서 아이의 제멋대로 행동을 제지하지 않아 사회 문제가 되는 경우도 있습니다. 그러니까 이제 『빨간 구두』는 옛이야기일까요?

우리는 남과 다른 색을 지녀도 발목 잘릴 걱정 없이 춤추며 살고 있나요? 저는 21세기의 대한민국에 사는 우리들 역시 19세기의 유럽에서와 마찬가지로 다른 색을 두려워하며 살고 있다고 생각합니다. 오히려 그때보다 더 조직적으로 아이들을, 그리고 우리 모두를 길들이려고 하죠. 왜냐하면 망나니의 칼이나 이발사의 가위 대신 미래에 대한 불안한 전망을 말해 주니까요.

우리 사회의 부모들은 성가시게 하는 질문이나 고집은 수긍해도, 아이들이 공부하지 않겠다는 말은 받아들이지 않습니다. 공부는 이 사회의 인력으로 살아가기 위해 반드시 해야만 하는 일이니까요. 그래서 아이의 성적이 조금이라도 떨어지면 그로 인한 어두운 미래(주로 가난으로 생기는)를 열거하며 아이들이 사회가 만든 레일 위에 올라타도록 만듭니다. 어른의 보살핌을 받으며 아이들은 모범적으로 그 레일을 달리죠. 물론 그 중 소수만이 사회가 약속한 직업을 갖게 된다는 것은 아직 비밀입니다. 어른이 되어 사회가 속삭인 약속이 어딘가 잘못되었다고 느낄 때에는 이미 레일 밖으로 나오기엔 늦었습니다. 부모의 손을 타지 않는 아이, 어른의 말에 순종적인 학생, 사회 질서에 반기를 들 줄 모르는 국민……. 사회가 깔아놓은 레일 위에서 만들어지는 인간 군상입니다.

우리는 장례식에서 빨간 구두를 신은 적이 없습니다. 성공한 사람이 설교를 늘어놓을 때, 춤추기 위해 뛰쳐나온 적도 없습니다. 우리는 순종하는 법을 배웠고, 나아가 상대 마음에 드는 법을 알아차렸습니다. 개성을 가진 아이는 따돌림을 당하기 쉽고, 취직하기도 힘들며, 회사에서도 이상한 눈초리를 받을 가능성이 높습니다. 그리하여 무난하게 사는 것이 가장 편안한 길이라고 생각하게 됩니다.

하지만 우리 마음속에는 '빨간 구두'가 있습니다. 자신만의 개성이기에 결코 사라지지 않죠. 땅 위에서 춤추지 못한 빨간 구두는 마음을 짓밟습니다. 남을 불편하게 만들지 말아야 한다는 주문은 너무 강력해 카렌처럼 춤을 추기도 전에 우리는 발목이 잘린 채 살아가고 있습니다. 우리의 마음은 그다지 강하지 못합니다. 그렇기에 우리는 우리의 발목을 늘 확인해야 합니다. 빨간 구두가 마음 밖으로 빠져나와 춤추기를 권할 때, 스스로 그럴 수 있다고 인정해 주어야 합니다.

"참느라 수고했어. 이젠 춤을 추어도 돼."

이렇게 말입니다.

동화 넘어 인문학

에리히 프롬의 『자유로부터의 도피』

"뭘 하든 내 자유지!"

가볍게 내뱉는 말 같지만, 이 말에는 자유민주주의라는 매우 중요한 정치적 배경이 있습니다. 우리는 자유민주주의가 왕과 귀족으로부터, 지구의 어느 곳에선가는 종교로부터 인간의 자유를 되찾아 온 역사의 결과라 생각하지요. 그리하여 현재를 사는 우리는 자유와 민주주의를 향유하고 있다고 믿습니다. 그런데 한편으로 자신이 없습니다. '나'는 자유롭게 살아가고 있는가? '나'는 모든 인간이 평등한 사회에서 '나'만의 개성을 마음껏 발휘하며 살고 있는가? 아니, 그 전에 '나'의 개성이란 무엇인가? 만일 개성이라는 것이 '나'의 특징이라면 '나'는 내가 원하는 것, 내가 바라보는 방향성, 나의 욕구를 또렷하게 답할 수 있는가? 여러분은 어떤 '가요? 저는 자신 있게 답하지 못하겠습니다.

만약 저처럼 "그 나이를 퍼먹도록 그걸 하나" 모르냐는 신해철의 노래*가 뒤통수를 간지럽힌다면, 에리히 프롬의 『자유로부터의 도피』를 꺼내 읽어도 좋을지 모르겠습니다.

> 우리는 어떠한 외적 권위에도 종속되지 않고, 우리의 사상이나 감정을 자유로이 표현할 수 있는 상황을 자랑으로 삼고 있다. 그리고 우리는 이 자유야말로 거의 자동적으로 우리의 개체성을 보장한다고 생각하고 있다. 그러나 우리의 생각을 표현할 수 있는 권리는 우리가 자신의 생각을 가질 수 있을 때에만 의미가 있다. 또한 외적 권위로부터의 자유는 내부의 심리적 상황이 우리가 자기의 개체성을 확립할 수 있게 될 때에야 비로소 항구적인 성과가 된다.

1900년에 태어나 히틀러의 발흥을 지켜보며 인간 자유의 향방

● 신해철의 노래 「니가 진짜로 원하는 게 뭐야」는 앨범 『Homemade Cookies & 99 Crom Live』에 수록된 곡이다.

에 대해 고민한 에리히 프롬이 쓴『자유로부터의 도피』를 읽으면, 마치 용한 점쟁이에게 점괘를 듣는 것 같습니다. 다소 어려운 용어만 넘어선다면 말이죠.

이 책은 자유롭다는 사회에서 우리가 왜 이렇게 부자유스럽게 살아가는지, 답답하고 절망적인 우리의 병증을 시원하게 알려 줍니다. 프롬은 말합니다. 우리는 자유로울지 모르지만, 자유란 그것을 향유할 우리가 건강해야만, 즉 '자신의 생각과 개체성'이 확고해야만 누릴 수 있다고요.

에리히 프롬은 우리가 왕이나 교회의 권위로부터 자유를 쟁취했다고 믿지만, 실은 경제적으로 자본의 노예가 됨으로써 고독이나 불안을 경험하게 되고, 그것으로부터 도피를 시도한다고 말합니다. 아니, 처음에는 시도였을지 모르지만 자본의 지배가 가속되자 '자유롭다고 믿는 자동인형'을 만드는 시스템은 공고화되었지요.

자본주의가 삶의 모든 곳에 스며든 이 사회에서 나고 자란 우리는 바로 이러한 과정을 거쳐 카렌의 '빨간 구두'를 포기한 것인지 모릅니다.

'모든 인간이 거리에서 춤추면 질서를 어떻게 유지하겠다는 거야? 아이들을 사회화시키는 건 당연한 거지. 개성을 내세우는 인간만 있으면 그 사회가 제대로 굴러가겠어?'

어쩌면 이런 생각을 하는 분도 계실지 모르겠습니다. 하지만 개성을 질서의 대척점에 놓게 하는 그 생각 또한 우리의 개성을 말살하려는 이데올로기일 수 있습니다. 개성이란 자아의 발현이고, 그로부터 인간은 자기 삶의 진실을 찾아갑니다. 삶의 진실을 추구하는 인간만이 인생의 의미를 깨닫고 자아와의 통합을 통해 자신의 삶을 지탱해 나갈 수 있지 않을까요? 에리히 프롬은 타의에 의해, 그리고 자의에 의해 자아를 상실한 인간이 마치 부서진 집의 벽돌 한 조각을 지닌 채 망연자실한 아이와 비슷하다고 말합니다. 다만, 아이는 그 조각이 집의 일부라는 것을 알지만, 어른은 그것조차 깨닫지 못하고 망망대해 같은 인생에서 표류한다고 경고합니다.

> …… 개인이 자기 자신이 됨을 그치고 변화하는 것이다. 즉, 그는 일종의 문화적인 양식에 의해 부여되는 성격을 완전히 받아들이고, 다른 모든 사람들과 전적으로 동일한, 그리고 다른 사람들이 그 자신에게 기대하는 그런 상태로 변화된다. 그와 함께 '나'와 외부 세계와의 갈등은 사라지고, 고독과 무력함을 두려워하는 의식도 사라진다. (…) 개인적인 자아를 버리고 자동인형이 되어 주위 수백만의 다른 자동인형과 동일해진 인간은 이미 고독이나 불안감을 느낄 필요가 없다. 그러나 그 대신 그가 지불한 대가는 혹독하게 비싼 것으로, 그것은 바로 자아의 상실이다.

에리히 프롬은 이러한 과정을 통해 사회가 자동인형이 된 인간으로 가득해진다고 합니다. 자아를 상실한 인간은 인간적인 무력감과 절망에 휩싸입니다. 자신이 무엇인지 알 수 없어지고 인생이 무의미해질 때, 인간은 자신을 찾기 위해 싸우는 대신 인생의 의미를 대신 찾아줄 무언가를 갈망하게 됩니다. 에리히 프롬은 이러한 사회가 바로 파시즘의 온상이라고 지적합니다. 민주주의의 대척점에 서서 개인의 개성을 증오하는 그 이데올로기 말입니다.

민주주의라면 인간에 대하여 모든 인간이 자기 삶의 주인이 되어 인생을 스스로 이끌어 갈 수 있다고 믿습니다. 백인백색, 모든 주체적인 인간은 각각의 개성을 뽐내겠지요. 그것은 또한 각 개인의 권리이며 수많은 피를 흘리며 되찾아 온 권력이기도 합니다. 그리고 모든 권력이 그러하듯 그것을 빼앗으려는 시도는 집요하기만 합니다. 착한 아이, 양순한 시민으로만 살아가서는, 절대 우리 자신을 지킬 수 없죠. 가만히 있으라는 기득권의 지시에 반항하지 않고서는 지킬 수 없는 것이 바로 우리 자신입니다.

에리히 프롬은 인간으로 태어나 인간으로 살아가고자 한다면, 모름지기 평생 투쟁심을 안고 살아가야 한다고 말합니다. 자동인형이 되어 파시즘의 깃발에 열광하며 살지 않겠다고 결심한다면 말이지요. 긴 역사를 통해 우리는 이제야 겨우 조금, 풀꽃들 사이에서 춤을 출 수 있게 되었습니다. 그러니 앞으로도 춤추기 위하여 우리는 언제든 싸울 태세가 되어 있어야 합니다. 피곤하게 느껴지겠지만, 노예로 사는 것보다 그것이 나은 삶 아닐까요? 당신이 출 춤에 미리 박수를 보냅니다.

인용한 책
이야기

머리말

동　화:『안데르센 동화』,「성냥팔이 소녀」, 한스 안데르센 지음,
　　　　백시종 옮김, 국민서관, 1981년, 102쪽, 105쪽, 108쪽

제Ⅰ부

1. 우물쭈물해도 괜찮아

동　화 :『당나귀와 아버지와 아들』, 이솝 지음
인문학 :『피로사회』, 한병철 지음, 김태환 옮김, 문학과지성사, 2012년,
　　　　24~25쪽, 53쪽

　　　　『동양과 서양, 그리고 미학』, 장파 지음, 유중하 외 옮김, 푸른숲,
　　　　1999년, 178쪽

2. 내 동심은 어디로 갔을까

동　　화 : 『하늘을 나는 교실』, 에리히 케스트너 지음, 김청조 옮김, 국민서관,
　　　　　1981년, 50~51쪽, 108쪽, 195쪽

인문학 : 『서머힐』, 알렉산더 수더랜드 닐 지음, 정영하 옮김, 연암사,
　　　　　2003년, 9쪽, 34쪽

3. 내 안의 임금님, 자존심

동　　화 : 전래 동화 『임금님 귀는 당나귀 귀』

인문학 : 『노자』, 노자 지음, 김원중 옮김, 글항아리, 2013년, 93쪽, 94쪽,
　　　　　96쪽

4. 돌고 돌아 다시 나에게 오는 것들

동　　화 : 전래 동화 『은혜 갚은 까치』

　　　　　『비를 피할 때는 미끄럼틀 아래서』, 「은혜 갚은 메기」,
　　　　　오카다 준 지음, 박종진 옮김, 보림, 2014년, 56쪽, 58쪽

인문학 : 『더불어 숲』, 신영복 지음, 돌베개, 2015년, 146~147쪽

　　　　　『사람만이 희망이다』, 「인다라의 구슬」, 박노해 지음, 느린 걸음,
　　　　　2015년, 22쪽

5. 이렇게 살아도 되는 건가 싶을 때

동　　화 : 『톨스토이 동화』, 「사람은 무엇으로 어떻게 사는가」,
　　　　　레프 톨스토이 지음, 백시종 옮김, 국민서관, 1981년, 170~171쪽,
　　　　　173쪽, 178~179쪽, 185~186쪽, 207쪽

인문학 : 『무신론자의 시대』, 피터 왓슨 지음, 정지인 옮김, 책과함께,
　　　　　2016년, 38쪽, 468쪽

『소설의 이론』, 게오르크 루카치 지음, 김경식 옮김, 문예출판사,
2007년, 27쪽

6. 내게 사랑을 묻는다면

　동　화 : 『안데르센 동화』, 「인어 공주」, 한스 안데르센 지음, 백시종 옮김,
　　　　　국민서관, 1981년, 35쪽, 49~50쪽, 51쪽
　인문학 : 『사랑의 단상』, 롤랑 바르트 지음, 김희영 옮김, 동문선, 2004년,
　　　　　11쪽, 317쪽

7. 사랑, 하나라고 생각하는 순간 둘이 되는

　동　화 : 『보리와 임금님』, 「일곱째 공주님」, 엘리너 파전 지음, 신중신 옮김,
　　　　　국민서관, 1981년, 160~161쪽, 168~169쪽, 170~171쪽
　인문학 : 『사랑의 기술』, 에리히 프롬 지음, 설상태 옮김, 청목사, 2001년,
　　　　　11~12쪽, 32쪽, 35쪽, 156쪽

8. 나의 빛과 어둠을 찾아서

　동　화 : 『피터 팬』, 제임스 매튜 배리 지음, 메이블 루시 애트웰 그림,
　　　　　김영선 옮김, 시공주니어, 2005년, 46~47쪽, 178쪽, 192쪽,
　　　　　236쪽
　인문학 : 『차라투스트라는 이렇게 말했다』, 프리드리히 니체 지음,
　　　　　장희창 옮김, 민음사, 2004년, 22쪽, 37쪽

제2부

1. 행복의 풍경은 하나가 아니다

동　화 : 『소공녀』, 프랜시스 버넷 지음, 서영은 옮김, 국민서관, 1981년,
　　　　 120~121쪽, 129쪽, 222쪽

인문학 : 『탐욕의 시대』, 장 지글러 지음, 양영란 옮김, 갈라파고스, 2008년,
　　　　 81~87쪽

　　　　『강의: 나의 동양고전 독법』, 신영복 지음, 돌베개, 2004년, 72쪽

2. 21세기 마녀의 거울

동　화 : 『백설 공주』, 그림 형제 지음

인문학 : 『스펙타클의 사회』, 기 드보르 지음, 유재홍 옮김, 울력, 2014년,
　　　　 15~16쪽, 130~131쪽

3. 성장을 멈춘 어른, 악당이 되다

동　화 : 『피노키오』, 카를로 콜로디 지음, 서영은 옮김, 국민서관, 1981년,
　　　　 31~32쪽, 166쪽, 232쪽

인문학 : 『이것이 인간인가』, 프리모 레비 지음, 이현경 옮김, 돌베개,
　　　　 2007년, 9쪽, 84쪽

4. 누가 나를 지배하는가

동　화 : 『로빈슨 크루우소우』, 다니엘 디포우 지음, 오혜령 옮김, 국민서관,
　　　　 1981년, 16쪽, 71쪽, 234쪽

인문학 : 『총, 균, 쇠』, 제레드 다이아몬드 지음, 김진준 옮김, 문학사상,

2005년, 17~18쪽

5. 꼭 백조여야만 하나요?

동　화 : 『안데르센 동화』, 「미운 오리 새끼」, 한스 안데르센 지음,
　　　　　백시종 옮김, 국민서관, 1981년, 89쪽, 101쪽

　　　　　『하늘을 나는 교실』, 에리히 케스트너 지음, 김청조 옮김, 국민서관,
　　　　　1981년, 50~51쪽, 66쪽

인문학 : 『삶의 격』, 페터 비에리 지음, 문항심 옮김, 은행나무, 2015년,
　　　　　310쪽

　　　　　『동화의 정체』, 잭 자이프스 지음, 김정아 옮김, 문학동네, 2008년,
　　　　　149쪽

6. 나의 행운과 불행은 누가 만드는가

동　화 : 『아라비안나이트』, 「하산 이야기」, 백시종 엮음, 국민서관, 1981년,
　　　　　70쪽, 81쪽, 95쪽

인문학 : 『정의론』, 존 롤즈 지음, 황경식 옮김, 이학사, 2003년, 36쪽

7. 타인의 시선을 피하는 방법

동　화 : 『안데르센 동화』, 「벌거숭이 임금님」, 한스 안데르센 지음,
　　　　　백시종 옮김, 국민서관, 1981년, 234쪽

인문학 : 러시아 단편 문학 『무도회가 끝난 뒤』, 「외투」,
　　　　　레프 똘스또이 외 지음, 박현섭·박종소 옮김, 창비, 2010년, 33쪽,
　　　　　34쪽, 59쪽, 61쪽

8. 젖 먹던 힘은 필요 없어

동　　화 : 『보리와 임금님』, 「보리와 임금님」, 엘리너 파전 지음, 신중신 옮김,
　　　　　 국민서관, 1981년, 8쪽, 14쪽, 20~22쪽, 28쪽

인문학 : 『프로테스탄티즘의 윤리와 자본주의 정신』, 막스 베버 지음,
　　　　　 박성수 옮김, 문예출판사, 2016년, 140쪽, 162~163쪽

9. 소녀야, 이제 춤을 추자

동　　화 : 『안데르센 동화』, 「빨간 구두」, 한스 안데르센 지음, 백시종 옮김,
　　　　　 국민서관, 1981년, 69쪽

인문학 : 『자유로부터의 도피』, 에리히 프롬 지음, 원창화 옮김, 홍신문화사,
　　　　　 2006년, 200쪽, 157쪽